Maldição e Glória

OBRAS DE MARCOS REY PUBLICADAS
PELA COMPANHIA DAS LETRAS:

Café na cama
Malditos paulistas
Memórias de um gigolô
Ópera de sabão

CARLOS MARANHÃO

Maldição e Glória

A vida e o mundo do escritor Marcos Rey

Prefácio
FERNANDO MORAIS

Copyright © 2004 by Carlos Maranhão
Copyright do Prefácio © 2004 by Fernando Morais

Capa
João Baptista da Costa Aguiar

Foto de capa
Edmundo Donato (Marcos Rey) aos sete anos de idade, em 1932. Acervo Palma Donato.

Pesquisa iconográfica
Companhia da Memória

Índice remissivo
Maria Cláudia Carvalho Mattos

Preparação
Eugênio Vinci de Moraes
Paulo Werneck

Revisão
Isabel Jorge Cury
Maysa Monção

Dados Internacionais de Catalogação na Publicação (CIP)
(Câmara Brasileira do Livro, SP, Brasil)

Maranhão, Carlos
Maldição e glória : a vida e o mundo do escritor Marcos Rey / Carlos Maranhão ; prefácio Fernando Morais. — São Paulo : Companhia das Letras, 2004.

 Bibliografia.
 ISBN 978-85-359-0516-8

 1. Escritores brasileiros - Biografia 2. Rey, Marcos, 1925-1999
 I. Morais, Fernando. II. Título.

04-3368 CDD-CB 928-699

Índice para catálogo sistemático:
1. Brasil : Escritores : Biografia e obra 928.699

1ª reimpressão

[2013]
Todos os direitos desta edição reservados à
EDITORA SCHWARCZ S.A.
Rua Bandeira Paulista 702 cj. 32
04532-002 — São Paulo — SP
Telefone (11) 3707-3500
Fax (11) 3707-3501
www.companhiadasletras.com.br
www.blogdacompanhia.com.br

Para
Tiago, Gabriela
e Isabel

Sumário

Prefácio — Fernando Morais		9
Introdução		13
1.	Pânico na Pirineus	21
2.	Caçada a laço	28
3.	"Aqui renasce a esperança"	33
4.	Um novo nome	37
5.	Os cavaleiros da praga divina	42
6.	"Eu sou o Deus de vocês!"	46
7.	A morte antes da morte	52
8.	Vida de folhetim	57
9.	O horror	60
10.	Fuga e silêncio	66
11.	Exílio na Lapa	72
12.	A ave noturna	78
13.	No reinado do rádio	83
14.	Neste bar pequenino	90
15.	Um salão para Faulkner	97
16.	Os últimos dias do antropófago	104

17.	A PRÓXIMA ATRAÇÃO	110
18.	SEGREDOS DE UM PROGRAMA	115
19.	A FOTO GUARDADA	119
20.	PAIXÃO INSTANTÂNEA	126
21.	DEPOIS DO TEMPORAL	132
22.	A REVELAÇÃO	137
23.	ANJO DA GUARDA	141
24.	NOITES DO CLUBINHO	146
25.	OS CENTO E TANTOS DIAS	151
26.	TV DAS ILUSÕES	159
27.	DE QUEM É MESMO ESTA PEÇA?	163
28.	O REI DA PORNOCHANCHADA	173
29.	CRIADOR DE HERÓIS	183
30.	UMA CARTA FATAL	188
31.	O DIA DA VITÓRIA	197

O reencontro 203

Epílogo 205

Agradecimentos 211

Obras de Marcos Rey 213

Bibliografia 217

Entrevistados 223

Créditos das imagens 225

Índice remissivo 227

Prefácio

Conheço muita gente que se recusa a escrever prefácios e sustenta essa decisão com uma pergunta: e se eu não gostar, devo escrever isto? Ou devo mentir? Entre sugerir por escrito que não se leia o livro e devolver os originais ao autor, o que fazer? Relembro o tema para tranqüilizar o leitor: este livro poupou-me de tais padecimentos. Ao contrário: na mesma semana em que recebi o convite da Companhia das Letras para escrever o prefácio de *Maldição e glória*, chegaram à minha casa os originais de dois outros livros, para os quais também farei prefácios ou orelhas. Um deles era o primeiro tomo de *A saga do conde*, a história da família Matarazzo, escrita por Ronaldo Costa Couto, autor já consagrado pelo sucesso de *História indiscreta da ditadura e da abertura* e *Brasília Kubitschek de Oliveira*. O outro era *Olga*, um longo ensaio fotográfico realizado por Jayme Monjardim durante as filmagens do longa-metragem do mesmo nome que ele acaba de dirigir, inspirado na biografia de Olga Benario Prestes. Como os prazos para entregar os três textos eram parecidos (e muito curtos) decidi me organizar para cumpri-los. Imaginei que se eu lesse os três, simultaneamente — toda noite dedicaria duas horas de leitura a cada um deles —, em duas semanas estaria pronto para escrever. Como os originais do livro de Carlos Maranhão tinham chegado primeiro, decidi começar com eles.

O plano não deu certo, e tanto Costa Couto quanto Jayme Monjardim tiveram que esperar. O problema é que, da mesma forma como certamente ocorrerá com você, leitor, não consegui parar de ler *Maldição e glória*. E isso ocorreu a despeito de eu já conhecer, em linhas gerais, os chamados "melhores momentos" do livro. Logo que começou a namorar a idéia de contar a história de Marcos Rey, Carlos Maranhão me convidou para uma taça de bom vinho em seu elegante apartamento da avenida São Luís, no Centro Velho da capital paulista — o coração do quadrilátero onde seu personagem viveu, foi amaldiçoado e glorificado.

Surpreendeu-me que Maranhão ainda não parecesse convencido de que estava diante de uma grande história. Ao caminhar de volta ao estacionamento, depois de três horas de conversa com ele, eu estava chocado com o que ouvira, mas atribuía esse espanto, quem sabe, à casualidade de que eu sabia muito pouco sobre Marcos Rey (a quem só vi uma vez, à distância, na Livraria Cultura). Só agora, ao ler o livro, é que descobri que não era apenas eu o ignorante a respeito do personagem: à exceção dos familiares mais próximos e da mulher, Palma, ninguém jamais soube absolutamente nada do rosário de tragédias que foi a vida de Marcos Rey. E passados vários dias após a leitura dos originais, uma pergunta continua martelando na minha cabeça: como alguém tão público (ou *midiático*, como se diz hoje), alguém tão visível aos olhos da multidão, como foi Marcos Rey, conseguiu guardar durante tantas décadas aquilo que Ricardo Setti chama, na orelha deste livro, de "terrível segredo"?

É aqui que Maranhão exibe um dos ingredientes indispensáveis, na minha opinião, ao sucesso de um livro de não-ficção: o ineditismo. Esta não é uma colcha de retalhos resultante de uma boa pesquisa em arquivos de jornais e revistas, uma história requentada e recontada com novas palavras. Este é um livro revelador, que certamente vai deixar atordoados os leitores em geral, mas particularmente aqueles que tiveram conta-

MALDIÇÃO E GLÓRIA

to com a obra ou a pessoa de Marcos Rey. Além desse esqueleto central que tanto prende o leitor, *Maldição e glória* é recheado de descobertas, como a cabeludíssima acusação de plágio que Marcos Rey fazia a ninguém menos que Oduvaldo Vianna Filho, o Vianinha — segundo Maranhão "um dos maiores e mais censurados dramaturgos brasileiros, símbolo da resistência nos palcos à ditadura militar".

O livro é ambientado em uma atmosfera que evocará saudades nos paulistanos de mais de cinqüenta anos: a São Paulo boêmia da segunda metade do século passado, onde uma fauna composta de jornalistas, poetas, dramaturgos, pintores e cineastas fazia todas as noites a via-sacra entre o Nick Bar e o Clubinho e, anos mais tarde, entre o Paribar e a Galeria Metrópole. É desse mundo que Carlos Maranhão desenterra personagens e episódios deliciosos, cuja hilaridade quebra o pesado dramatismo desta história. Como o bêbado indiscreto que saía todas as noites do Paribar, apontava para o busto de bronze do escritor Mário de Andrade e escancarava, aos berros, o que nem chegava a ser um segredo, mas uma suspeita trancada a sete chaves pela intelectualidade paulista: "Eu comi esse cara! Eu comi esse cara!", gritava. Ou outra inacreditável passagem que Marcos Rey adorava difundir, segundo a qual o jornalista José Nêumanne, candidato a uma vaga na Academia Paulista de Letras, matara com uma carta o acadêmico monsenhor Primo Vieira, que prometera e não lhe dera um voto na eleição para a APL. Tamanha era a virulência da carta de Nêumanne, ele dizia, que ao chegar à última linha o padre estatelou-se no chão, fulminado por um infarto. Aos que duvidavam da história, Marcos enfiava a mão no bolso e tirava uma cópia autêntica da carta, que passava a ler teatralmente.

Em cada capítulo, em cada parágrafo é possível identificar no subsolo deste *Maldição e glória* o repórter atilado que produziu uma pesquisa rigorosa, detalhista, capaz de recriar situações como se estivesse o leitor a testemunhá-las, com seus próprios olhos e ouvidos. Esse cuidado profissional com o conteúdo é coroado por uma escrita elegante e sedutora, dotes de alguém que, com décadas de experiência como editor de revistas, passou a vida fazendo isso — limando e melhorando o texto alheio. O leitor está diante de um desses momentos privilegiados em que uma bela história cai nas mãos de um grande contador. Deleite-se.

Fernando Morais

Introdução

Na manhã de 11 de maio de 1999, a viúva do escritor Marcos Rey, Palma Bevilacqua Donato, despediu-se do marido num vôo de vinte minutos de helicóptero pelo Centro de São Paulo, cidade onde ele nasceu, viveu, ambientou toda a sua extensa obra e morreu. Marcos Rey, pseudônimo de Edmundo Donato, morrera quarenta dias antes, aos 74 anos, e ela mandara cremá-lo. Tudo havia acontecido de forma rápida. Nos três últimos meses, desde a volta do casal de uma viagem de férias a Paris, ele vinha se queixando de dores nas pernas. Pensaram a princípio que se tratasse de um problema na coluna. Foram a um ortopedista. Nada. Procuraram sucessivamente mais quatro médicos. Nenhum acertou o diagnóstico. O último deles recomendou um fisioterapeuta, que depois dos primeiros exercícios desconfiou de algo grave. Um tumor, talvez. Palma decidiu então levá-lo ao Hospital Paulistano, no bairro do Paraíso. A suspeita logo foi confirmada. Era caso para cirurgia imediata, que deveria durar cerca de seis horas. Demorou menos de duas. O médico saiu da sala de operação, tirou a máscara, descalçou as luvas e disse a Palma que não havia nada a fazer. Iniciado no intestino, o tumor evoluíra para uma metástase no fígado e já atingira outros órgãos do corpo. Ele foi removido para a UTI e morreu dois dias mais tarde, em 1º de abril, sem recuperar a consciência.

Velado no grande saguão da Academia Paulista de Letras, onde Marcos ocupava desde 1987 a cadeira número 17, seu corpo seguiu para o Crematório de Vila Alpina, na Zona Leste da capital. Na semana seguinte, Palma retirou as cinzas e começou a pensar no que deveria fazer com elas. Lembrou-se de uma conversa antiga que tiveram sobre isso.

— Marcos, quando você morrer, onde você quer que eu jogue as suas cinzas?

— E você? E você?

Era seu jeito de responder quando estava em dúvida. "Um cafezinho, Marcos?", ela sugeria. "Hummm... E você? E você?"

— Num jardim, quem sabe? — arriscou a mulher.

— E eu sou homem de jardim? Meu negócio é pedra, é concreto.

"Resolvido", pensou Palma. Se Marcos passara a maior parte da vida circulando entre os prédios, as casas noturnas, os restaurantes, os bares e as livrarias do Centro, atiraria as cinzas nos tetos e calçadas da região. Não da janela de um dos edifícios, pois assim elas cairiam em uma única área, mas de um helicóptero que sobrevoaria vários pontos, para que se espalhassem pelos lugares que tanto marcaram a vida do escritor, da praça Dom José Gaspar à Vila Buarque, da sórdida rua do Triunfo à outrora bem freqüentada rua 24 de Maio, onde os dois se conheceram, em 1958. Naquelas imediações, durante anos e anos, ele conviveu com amigos, colegas de variados ofícios e as pessoas que inspiraram seus personagens. Seria um retorno final aos cenários que escolheu e recriou, além de um reencontro, de certa forma, com os que também já tinham partido.

Quase tudo o que Marcos produziu estava ligado, de um jeito ou de outro, ao que chamava de pedra, de concreto. Foram quarenta livros, entre romances, contos, literatura juvenil e paradidáticos, com temas invariavelmente urbanos. Venderam mais de 5 milhões de exemplares, marca alcançada por poucos escritores brasileiros. Na década de 90, chegava a receber cerca de 15 mil reais por mês de direitos autorais, o equivalente a um carro popular. Escreveu centenas de crônicas e programas de rádio. Na TV, fez oito novelas, entre as quais *Tchan!, a Grande Sacada*, na extinta Tupi, *O Príncipe e o Mendigo*, na Record, e *A Moreninha*, na Globo, onde roteirizou *O Sítio do Picapau Amarelo*. Foi redator de publicidade e autor de peças teatrais.

Ainda no meio das pedras e do concreto da região central de São Paulo, na zona da estação da Luz, ele ganhou a vida, durante os anos 70, como um dos mais prolíficos, requisitados e bem-sucedidos roteiristas do cinema erótico paulista. "Fiz cinema, sim, e cinema da pior qualidade", admitiu anos depois. "Não me envergonho." O respeitável senhor que encantaria crianças e adolescentes com as deliciosas aventuras de seus jovens heróis e que inventou novas peripécias para Emília, Narizinho e Pedrinho virou, por vários anos, um craque das pornochanchadas. Com sua versatilidade, preparou sob encomenda 32 roteiros daqueles filmes, meio ingênuos, meio safados, que lotavam os cinemões das metrópoles. Era uma época em que não havia videocassete nem canais pagos de sexo. Por causa da censura braba do regime militar, as revistas masculinas só podiam mostrar um único seio das modelos nuas e palavrão era proibido na imprensa, no rádio e na TV.

Marcos conseguia preparar uma boa sinopse num fim de semana e concluir em um mês o roteiro de filmes como *O inseto do amor*, *As cangaceiras eróticas* ou *O supermanso*, cujos enredos discutia com os produtores nas mesas do feioso bar e restaurante Supremo, na região mais tarde conhecida como "cracolândia". Seus livros juvenis, que podem ser lidos como passatempo por adultos que apreciam literatura policial, saíam com a mesma rapidez. Para que os editores não pensassem que escrevera às pressas, guardava os originais por dois ou três meses antes de pedir que fossem buscá-los.

Artesão competente e escrupulosamente profissional em cada um desses gêneros, entregava a encomenda no prazo, no tamanho e no enfoque combinados, mas o que lhe dava genuíno prazer — e orgulho — era escrever contos e romances. Quando começava um deles, ficava agitado e dizia à mulher:

— Estou em gestação! Agora vou fazer o que eu gosto.

Só se sentava à frente de sua máquina de escrever Underwood — que nos anos 80 trocou por uma Remington elétrica, até que finalmente aderiu ao microcomputador — quando tinha a trama completa na cabeça. Batia com muita força nas teclas, usando quatro dedos dobrados, em geral ao som de discos de jazz ou do *Concerto em fá*, de Gershwin, sua música favorita desde a juventude e que nunca se cansou de ouvir.

Se nem todos os seus livros alcançaram o êxito que ele esperava, caso de *Um gato no triângulo*, com o qual estreou em 1953 e cuja primeira edição levou cinco anos para se esgotar, e de *Entre sem bater* (1961), dois deles tornaram-se best-sellers: *Café na cama* (1960) e *Memórias de um gigolô* (1968), ambos transformados em filme. Em 1985, *Memórias de um gigolô* ainda rendeu uma minissérie da Globo, dirigida por Walter Avancini, com Lauro Corona, Ney Latarroca, Bruna Lombardi e Elke Maravilha nos papéis principais. Em sua extensa produção, *O último mamífero do Martinelli* (1995), novela de menos de cem páginas sobre um perseguido político que vai viver escondido no histórico arranha-céu, então fechado para reforma — novamente, as pedras e o concreto —, alcança o nível de obra-prima. Diversos contos de *O enterro da cafetina* (1967), *O pêndulo da noite* (1977) e *Soy loco por ti, América!* (1978) estão nessa categoria, em que se pode incluir, do grupo dos juvenis, *Dinheiro do céu* (1985), comovente saga de um *nonno* que foge de casa, no Bixiga, para tentar receber uma herança na Itália.

Sem ter completado o antigo curso ginasial — seu único diploma foi o do primário, concluído aos onze anos, com nota 6,5, no Grupo Escolar Conselheiro Antônio Prado, na Barra Funda —, Marcos tinha uma admirável e reconhecida cultura literária. Não havia romancista americano importante do século XX sobre o qual não pudesse falar longamente, dissecando suas técnicas e seus estilos, quando provocado, fosse em longos telefonemas noturnos para os amigos ou na roda de intelectuais da Livraria Cultura, no Conjunto Nacional, em que batia ponto nas manhãs de sábado. Era apaixonado por Ernest Hemingway, John Steinbeck, Theodore Dreiser, William Saroyan, William Faulkner e Dorothy Parker, além do inglês Aldous Huxley e dos franceses André Gide, André Malraux, Jean-Paul Sartre... Babava com Machado de Assis, mas torcia o nariz para a linguagem de Guimarães Rosa e considerava Clarice Lispector o símbolo de um tipo de escritor que cultua a palavra em prejuízo de uma boa trama. Para ele, isso era imperdoável. Se havia algo que Marcos adorava era ouvir, contar, ler e escrever histórias, dessas com começo, meio e fim, que agarram o companheiro de mesa de bar, o público de rádio, o espectador e, sobretudo, o leitor.

Na sua opinião, tanto os seguidores de Guimarães Rosa como os de Clarice aderiram ao que definia como pensamento nebuloso, enigmático, com um único objetivo: serem aplaudidos pela crítica. Julgava-se esnobado por ela. Essa era a sua mágoa. "Perdoai os críticos, eles não sabem o que fazem", disse em 1968 ao escritor Antônio Torres. Tinha especial ojeriza pelo paranaense Wilson Martins, que, mesmo quando o elogiava no influente *Suplemento Literário* de *O Estado de S. Paulo*, deixava escapar umas alfinetadas. Ao comentar seus primeiros romances, o erudito Martins chegou a aconselhá-lo a ler em voz alta o que escrevia, "em benefício do estilo". Embora nunca tivessem se conhecido pessoalmente, Marcos referia-se a ele, entre os amigos, como "aquele velho gagá".

Muitos, porém, sem contar os leitores, é claro, souberam aplaudir seu talento. O contista João Antônio, autor do hoje clássico *Malagueta, Perus & Bacanaço*, com quem Marcos compartilhava a afeição por cachorros e o conhecimento do *bas-fond* paulistano, era um de seus admiradores mais entusiasmados. "Como os seus escritos não são complicados — você não enrola o óbvio —, a chamada crítica literária não os badala", escreveu-lhe em 1977. "Também, como poderão os doutores em estruturalês entender uma literatura que é feita de gente?"

Carlinhos Oliveira, autor dos romances *O pavão desiludi-do* e *Terror e êxtase*, e cultuado pelas crônicas que publicou no *Jornal do Brasil* nos anos 60 e 70, afirmou em 1978 nas "Páginas amarelas" de *Veja*: "Acho que 80% dos escritores brasileiros são *brazilianists*, olham o Brasil como se estivessem de fora. Agora, gosto de alguns. Por exemplo, o escritor que no momento é o mais maltratado e injustiçado, e que eu acho o melhor de todos, chama-se Marcos Rey". Envaidecido, Marcos mandou-lhe uma carta de agradecimento:

> O fato de eu ter escrito para televisão e assinado porno-chanchadas pegou mal, escandalizou, e assim prosseguirá até que termine meu inferno zodiacal. As elites, da direita e da esquerda, não perdoam esses deslizes. Para elas, arranjar dinheiro para pagar o aluguel de casa é mercenarismo! Eu, que já escrevi até roteiro para strip-tease, não vou ser aceito facilmente. Mas o importante é escrever.

E escrever, para ele, tinha um sentido claro desde que fizera, sobretudo com os autores americanos, o que classificava como uma descoberta fundamental: "O que aqueles escritores falavam, dizia respeito a eles mesmos. Não era pura e simplesmente um belo jogo de palavras. Era mais que isso: a transmissão de uma vivência". Foi esse o padrão que adotou a vida inteira. Passava para o papel apenas o que, de um jeito ou de outro, havia teste-munhado. Conviveu com inúmeros de seus personagens, como o passador de dinheiro falso de *A arca dos marechais* (1985), e o talvez mais conhecido deles, Mariano, o protagonista de *Memó-*

rias de um gigolô. Manfredi, o dono de um caminhão de mudança disposto a assassinar o político Carlos Lacerda para vingar o suicídio de Getulio Vargas, em *Ópera de sabão* (1979), foi calcado em seu pai. Colocou nos livros, em forma de ficção, sua experiência no rádio (*Café na cama, Ópera de sabão*), no cinema (*Esta noite ou nunca*, 1988), na publicidade (*Entre sem bater*), na televisão (*Fantoches!*, 1998), no desemprego (o conto *O bar dos cento e tantos dias*, 1978). A noite de São Paulo e seus pontos de encontro são revividos em centenas de páginas. Nas crônicas, a família e os amigos eram referências constantes.

Marcos, no entanto, optou por jamais se referir — em textos, entrevistas ou conversas — a um fato extraordinário e trágico que o marcou para sempre. Guardou-o, como um segredo indevassável, da infância até a morte.

1. Pânico na Pirineus

A ambulância negra estacionou na pequena rua Pirineus, a poucos metros do Teatro São Pedro, no bairro de Campos Elísios, perto do Centro de São Paulo. Vários vizinhos saíram sobressaltados de casa. Olharam para o carro, leram nas suas portas as três letras inconfundíveis — DPL — e comprovaram a pior suspeita. Era mesmo a temida caminhonete, com sua dupla de guardas sanitários. Eles andavam armados e tinham poder de polícia. No mês anterior, Hitler invadira a Polônia. Naquele sábado, 7 de outubro de 1939, porém, as notícias do início da Segunda Guerra Mundial não foram capazes de provocar um pânico maior, para os moradores da Pirineus, do que a presença do assustador veículo na sua rua. Significava que, no quarteirão, poderia haver um *leproso*. Era essa a palavra usada para designar o hanseniano, ou portador de hanseníase, doença infecciosa na época chamada de lepra. Se a suspeita fosse confirmada, imaginaram os vizinhos, horrorizados, o doente talvez já tivesse transmitido a moléstia maldita para qualquer pessoa próxima. Quem sabe eles próprios.

Os vizinhos viram quando os guardas do Departamento de Profilaxia da Lepra (DPL) dirigiram-se ao sobrado número 18. Era a residência de um sorridente encadernador de livros, que costumava comprar vinho em garrafão nos armazéns do bairro e todos achavam simpático, ao contrário de sua mulher, uma senhora sisuda que aos domingos saía com a Bíblia embaixo do braço para ir ao culto da Igreja Presbiteriana da rua Helvétia, alguns quarteirões adiante. Eles tinham quatro filhos. O mais velho era um jornalista com fama de boêmio, que trabalhava à noite e divertia-se de madrugada. O outro ajudava o pai na oficina e estudava contabilidade. A mocinha, aluna de música, estava namorando firme e logo ia se casar. E tinha o caçula, um menino bonito e magrela, estudioso, que além das aulas no Ginásio São Paulo, na rua General Olímpio da Silveira, perto dali, freqüentava a escola dominical dos protestantes. Carregava de lá para cá, com um pouco de dificuldade, uns livros que ganhara do pai, entre os quais *Coração*, de Edmondo de Amicis. Incrível que a mãe, tão religiosa, permitisse que o garoto lesse tal obra, a julgar pelo que sugeria o desenho em preto-e-branco da capa — duas crianças se beijando na boca!

Gente curiosa, aquela família Donato. Viera de Campinas havia dezessete anos, não parecia ter muito dinheiro, mas vivia bem e recebia visitas importantes. Comentava-se na rua que diversos clientes de Luiz eram escritores famosos que lhe levavam livros para serem encadernados. Os vizinhos ouviram dizer que se chamavam Cassiano Ricardo, Paulo Setúbal, Menotti del Picchia, Orígenes Lessa. Até Monteiro Lobato, seu antigo patrão, aparecera certo dia. Agora, entretanto, as pessoas da rua queriam saber apenas uma coisa: quem, naquela casa, podia estar com hanseníase? Um daqueles vizinhos, cujo nome jamais seria revelado, conhecia a resposta. Ele fizera a denúncia anônima, por carta ou por telefone. Era assim que o DPL localizava os doentes que se escondiam. Alguém escrevia para a avenida Doutor Arnaldo, 87, ou ligava para o número 5-7650, dando o endereço do suspeito, e dois guardas sanitários iam imediatamente com a ambulância negra averiguar.

Naquele momento, o combate à hanseníase era a prioridade número 1 da saúde pública no estado de São Paulo. No ano anterior, o DPL registrara 11 437 doentes, entre os 6,3 milhões de habitantes do estado, ou 1,81 para cada grupo de mil pessoas. Na capital, com 1 milhão de habitantes, a quantidade era proporcionalmente maior: 3093 hansenianos (3 por mil). As estatísticas pareciam sinalizar para uma disseminação descontrolada da moléstia. No início do século, estimava-se o universo de doentes no estado em 2 mil pessoas. Na década de 20, o número mais do que dobrara e agora atingia um nível que muitos consideravam apavorante.

Existem, *grosso modo*, duas formas de hanseníase. Uma é contagiosa, outra não. Há ainda a forma indeterminada inicial, que pode evoluir ou regredir e desaparecer. A hanseníase é uma moléstia crônica, encontrada apenas no ser humano, que ataca os nervos periféricos e a pele. Ela se caracteriza por sintomas clínicos, neurológicos e dermatológicos que — caso não seja tratada — acarretam, em geral, após longo tempo de evolução, deformidades e mutilações no paciente. A doença, que não é hereditária, só se transmite através de uma pessoa infectada pela forma contagiante que esteja eliminando o agente causador — o bacilo de Hansen — pelas vias respiratórias. Hoje em dia, graças à ação das sulfonas, descobertas em 1945, e de medicamentos mais sofisticados surgidos mais tarde, ela é curável e o doente que inicia o tratamento deixa de transmiti-la.

O tratamento e a cura, porém, eram uma realidade distante nos anos 20 do século passado, quando as autoridades sanitárias discutiram arduamente dois modelos muito diferentes para enfrentar o que também se chamava de mal-de-lázaro, elefantíase-dos-gregos ou morféia. Os adeptos do primeiro modelo achavam que os portadores da forma não-contagiosa deveriam ser dispensados da internação ou do isolamento domiciliar. Para estes, bastaria o tratamento ambulatorial. Quanto aos portadores da forma contagiosa, na ocasião classificada de "lepromatosa" e mais tarde de "virchowiana", seriam tratados em ambulatórios e sanatórios com os recursos então existentes: medidas de higiene e dolorosas injeções de óleo de chalmugra, planta medicinal importada da Índia que começava a ser cultivada no Brasil. Sua eficácia era praticamente nula, conforme se comprovaria depois, e o remédio provocava terríveis efeitos colaterais, como diarréia intensa e caquexia, um estado de desnutrição profunda que podia levar o paciente à morte, mas os infectologistas e dermatologistas brasileiros não dispunham naquela época de terapias diferentes. Se tivessem condições, os doentes portadores da forma contagiosa continuariam a viver em casa, sob vigilância médica periódica, num ambiente isolado do resto da família, em quarto e banheiro separados. Se não tivessem, aí sim ficariam internados nos sanatórios.

O segundo modelo de tratamento era radical. Segundo ele, todos os doentes, sem exceção, seriam confinados compulsoriamente, com emprego de força se necessário, e mantidos isolados da sociedade, da família e dos amigos em asilos-colônia cercados de muros, como nas penitenciárias, até que recebessem alta. Na realidade, a menos que num novo milagre de Lázaro eles se curassem, estariam condenados ao isolamento perpétuo. Os adeptos deste método não consideravam a distinção entre as formas contagiosa e não-contagiosa. Entendiam que qualquer doente poderia ser um transmissor em potencial.

O médico sanitarista paulista Emílio Ribas (1862-1925) foi um dos principais partidários do primeiro modelo, que batizou de "isolamento humanitário". Em seus últimos anos de vida, ele publicou vários trabalhos científicos para defendê-lo. Um dos principais argumentos dos que se alinhavam com as idéias de Emílio Ribas era bastante razoável: como a hanseníase é uma moléstia de longa incubação, permanecendo em média entre dois e cinco anos sem se manifestar, por ocasião do diagnóstico o doente já a teria transmitido às pessoas em sua volta suscetíveis de contaminação. Nessa visão, de que adiantaria o isolamento se o mal estava feito? O dr. Ribas era um homem respeitado pelas campanhas que empreendera contra a febre amarela, a tuberculose, a peste bubônica e a própria hanseníase, mas essa batalha ele perdeu. Contra ele, ergueram-se vozes de igual ou maior prestígio. Uma delas fora de seu colega Oswaldo Cruz (1872-1917), celebrizado dentro e fora da medicina pelo êxito que alcançou na erradicação da febre amarela no Rio de Janeiro com seu exército de mata-mosquitos. Ele chegou a sugerir o confinamento dos hansenianos em ilhas, como a ilha Grande, no litoral fluminense, já conhecida por abrigar um presídio. Os que aprovavam o modelo isolacionista estavam convencidos de que internando todo e qualquer doente, sem distinção de sexo, idade, nível socioeconômico, estágio ou forma da moléstia, interromperiam a propagação da doença, que desse modo seria erradicada do país em poucas décadas. Tal lógica parecia mais aceitável para a opinião pública do que a dos médicos alinhados com Emílio Ribas. Afinal, quem garantia que, após a demorada incubação, os doentes não continuariam a contaminar a população sadia?

Foi essa a opção adotada no Brasil, na linha do que se fazia no Japão, nas Filipinas, no Havaí e na Colômbia. No nível federal, esse modelo prevaleceu a partir da década de 1920. Se no resto do país ele foi seguido de forma incompleta, por falta de sanatórios seguros e pela dificuldade para identificar, localizar e recolher os doentes, em São Paulo o isolamento compulsório passou a ser uma questão de Estado. Para implantá-lo, a área de saúde pública foi dividida em dois departamentos: o primeiro, encarregado exclusivamente da hanseníase, logo seria transformado no DPL e na prática operaria como um órgão autônomo; o segundo atendia as demais doenças. Começaram então a ser construídos ou reformados quatro grandes asilos-colônia e um sanatório. Na década de 30, essa gigantesca estrutura estava montada e foi dado início ao recolhimento maciço dos doentes.

Eles, em sua maioria, eram pobres ou miseráveis. Sem meios de sobrevivência, levavam uma vida nômade e esmolavam. Acampados perto das cidades, saíam a cavalo para mendigar, empunhando canecas de alumínio, que protegiam os doadores do contato físico. Freqüentavam festas religiosas, nas quais conseguiam donativos com mais facilidade. A de maior afluência era a de Pirapora do Bom Jesus, centro de romarias às margens do rio Tietê, na Grande São Paulo, onde apareciam grupos de até 150 doentes. Na capital, perambulavam pelas ruas Santo Antônio, Augusta e da Consolação, pelo largo do Arouche e pelos bairros do Belenzinho e Santana, "alarmando suas populações e constituindo uma ameaça à saúde pública", conforme escreveria o médico Flávio Maurano, um dos defensores do modelo isolacionista.

Os doentes de melhor situação econômica eram escondidos em casa pela família e recolhiam-se a uma virtual clandestinidade. Quem podia mudava-se do estado e mesmo do país para escapar da perseguição. Os que ficavam iam buscar tratamento clandestino nos consultórios de alguns médicos especializados, que os recebiam fora do horário normal de atendimento. Com a adoção do isolamento, suas dificuldades aumentaram, pois a notificação tornou-se obrigatória. Ou seja, se diagnosticava um caso ou tinha um paciente hanseniano, o médico era obrigado por lei a comunicar o fato ao DPL, que se encarregaria de ir buscá-lo onde ele estivesse.

Em 1939, no dia em que a ambulância negra parou na rua Pirineus, 16 mil hansenianos já estavam internados no Brasil inteiro. Metade deles em São Paulo. Não que a incidência no estado superasse a de Minas Gerais e a da Amazônia, na época os principais focos da moléstia. Isso se devia à eficiência do DPL paulista, que servia de padrão para os serviços estaduais semelhantes. Seis anos antes, o cientista mineiro Carlos Chagas, de reputação internacional, elogiara com grande entusiasmo a ação do departamento durante o Congresso para a Uniformização da Campanha contra a Lepra, por ele presidido no Rio de Janeiro. "Não conheço em parte alguma do mundo uma organização que, em seu conjunto, se apresente tão perfeita e tão eficiente", afirmou.

Mas os homens do DPL não estavam satisfeitos. Ainda faltava capturar — era o termo que utilizavam em documentos oficiais — milhares de doentes e suspeitos. Um deles, de acordo com a denúncia que haviam recebido, morava naquela casa em que os guardas bateram. A porta se abriu e eles perguntaram se ali residia o menor Edmundo Donato.

2. Caçada a laço

A sinistra visita já era esperada havia algum tempo naquela casa. Edmundo, que nascera no bairro do Brás, em 17 de fevereiro de 1925, contraíra hanseníase aos dez ou onze anos. Agora, aos catorze, exibia os primeiros sinais externos da doença. Os mais evidentes estavam nas mãos, que começavam a apresentar uma formação em garra, os dedos entortados enrijecendo-se para dentro. Iniciava-se o progressivo comprometimento dos nervos cubitais, situados na altura dos cotovelos, e dos nervos dos pés, sobretudo na região plantar, o que lhe causava problemas de locomoção. Ele tinha também zonas de anestesia nas mãos e em partes do braço, nas quais perdera a sensibilidade térmica. Em outras palavras, não sentia mais dor se recebesse uma picada ou sofresse alguma queimadura nessas áreas do corpo. Essa era uma das mais terríveis conseqüências da moléstia antes da descoberta de sua cura. Sem dúvida, um adolescente com tais características chamaria a atenção de quem o observasse de perto.

Entre o estranhamento provocado por seu aspecto físico e a suspeita de um caso de hanseníase, entretanto, a distância era considerável. O garoto Edmundo poderia ser portador de uma deformação congênita, de artrose precoce ou de uma anomalia qualquer nos pés. Mesmo hoje em dia, um médico, se não for especialista, dificilmente consegue apontar um hanseniano na rua. Na idade adulta, escritor consagrado, ele conviveria com três amigos médicos. Nenhum deles tinha conhecimento de sua doença. O pediatra Armando Thyrso Ribeiro de Souza, marido da escritora de livros juvenis Stella Carr, e o psicanalista e contista Sérgio Telles, formado em medicina, atribuíam as seqüelas a algum tipo de malformação. O médico psicoterapeuta e escritor Humberto Mariotti, que durante anos ia apanhá-lo de carro para irem à Livraria Cultura nas manhãs de sábado, só descobriu a verdadeira natureza de seu mal por uma inconfidência do falecido jornalista Henrique Mateucci. Não se sabe como Mateucci obteve a informação.

Ainda assim, nos anos 30 e 40, qualquer pessoa, protegida pelo anonimato, podia denunciar um suposto doente. Esse era o temor da família Donato. Com o DPL cada vez mais empenhado em internar hansenianos e recolher suspeitos, um dia os guardas poderiam aparecer na rua Pirineus. É bastante provável que Luiz Donato e sua mulher, Marianina, tivessem levado o caçula Edmundo ao consultório de um daqueles médicos que atendiam pacientes de hanseníase sem fazer a notificação obrigatória ao departamento. Tratava-se de uma prática mais ou menos comum. No final de 1944, a presidente da Cruz Vermelha Brasileira em São Paulo, Conceição da Costa Neves, mandaria uma carta ao interventor no estado, Fernando Costa, relacionando vários profissionais, ligados ao DPL, que cuidariam de doentes nessas condições. Ela insinuava que, em troca do silêncio, tais médicos cobravam honorários abusivos.

Portanto, Marianina estava preparada para o pior e sabia como iria agir se viessem procurar seu filho caçula. Ao abrir a porta para os guardas sanitários, ela afirmou que Edmundo encontrava-se em Poços de Caldas, em Minas Gerais, estância turística e hidromineral famosa por suas fontes de águas sulfurosas. Não era verdade. Segundo Sylvio Donato, último sobrevivente entre os moradores da casa, seu irmão nunca viajou para lá. No momento em que o procuraram, ele estava possivelmente na escola. Mas não importa. Ao dar a falsa informação sobre seu paradeiro, a mãe, para todos os efeitos, deixava o filho fora do alcance legal do DPL, cuja jurisdição era estadual. Diante do que alegou, os guardas lhe entregaram uma intimação que determinava seu comparecimento "o mais breve possível com o denunciado para regularizar a situação do menor". A ordem, vinda da própria direção do órgão, fora assinada por Nelson de Souza Campos, um dos médicos que Conceição denunciaria anos depois por infringir a lei ao atender hansenianos em consultório particular, fazendo jogo duplo.

Marianina não acatou a intimação. Em vez disso, a família decidiu se mudar. Saiu da rua Pireneus e alugou um sobrado, que pertencia à Cúria Metropolitana, na alameda Ribeiro da Silva, 618, no mesmo bairro de Campos Elísios. A nova casa era maior e mais bem dividida, com espaço suficiente para que Mundinho, Dinho ou Careca — nomes pelos quais Edmundo era tratado por seus pais e irmãos — pudesse ter quarto e banheiro exclusivos. Permaneceram nesse endereço, a princípio ignorado pelo DPL, por mais de trinta anos.

De temperamento reservado, Marianina Coscia Donato tornou-se uma mulher fechada. Baixinha, um tanto gorda, ela não beijava nenhuma pessoa próxima. Nem mesmo os filhos. Ao lhe apresentarem alguém, para manter distância, esticava o braço direito em um cumprimento seco. Com o filho sendo procurado, achou prudente evitar conversas com estranhos. Lia a Bíblia várias vezes por dia, sentada em sua poltrona de couro ao lado das estantes de livros da sala onde ficava a biblioteca da casa. Seu texto preferido era o versículo 6 do capítulo 14 do Evangelho segundo São João: "Eu sou o Caminho, a Verdade e a Vida...". Dona de uma afinada voz de contralto, cantava no coro da igreja da rua Helvétia. Quando os filhos eram pequenos, costumava levá-los ao culto dominical. Ao crescerem, eles deixaram de ir.

As personalidades de Luiz e Marianina não poderiam ser mais opostas. Sua nora Cacilda, que se casaria com Sylvio em

1942 e tinha com ela uma relação formal, mas adorava chamar o sogro de avô, jamais entendeu como eles permaneceram juntos quase cinqüenta anos. Brincalhão, expansivo, irônico e viracasaca em suas opiniões políticas — ora amava, ora odiava Getulio Vargas —, Luiz casou-se com Marianina por um acerto de sua mãe e seu padrasto com os pais dela. O pai de Luiz morreu de febre amarela antes que ele nascesse. Pelo mesmo acordo, um irmão de Marianina casou-se com uma irmã de Luiz. As duas famílias eram de ascendência italiana e das raras, entre as que emigraram da Itália para o Brasil, a não professar o catolicismo. Sem ser religioso, Luiz freqüentava a Igreja Presbiteriana mais por atenção aos pastores, seus clientes na oficina de encadernação, que pela insistência da mulher. Se eles atrasavam o pagamento dos livros, Marianina é que ouvia.

— "Perdoai as nossas dívidas assim como nós perdoamos os nossos devedores..." Pois sim! Essa sua Igreja...

Apesar de tudo, Luiz sentia prazer ao ouvir os sermões do reverendo Miguel Rizzo. O reverendo era considerado um inspirado orador sacro e mostrava no púlpito sua verve teatral. De cabelos grisalhos, estatura mediana, ternos escuros, a figura lembrava o personagem interpretado pelo ator Bing Crosby no filme *O bom pastor*. Sylvio nunca esqueceria uma das conversas dos pais sobre ele.

— É um reverendo e tanto — dizia Luiz. — Que sermões! Que interpretação!

— E você não aproveita nada do que ele prega — lamentava Marianina.

— Isso é outra coisa. Mas que ele fala bem, fala.

Quando Rizzo foi transferido de igreja, Luiz afastou-se definitivamente dos cultos.

— Olha, Marianina, você indo é o que vale. Reze por nós.

Não seria preciso pedir. Desde a descoberta da doença do filho, ela pressentiu que a vida da família mudaria para sempre e entregou-se às orações. Só não imaginava o tamanho e a duração do sofrimento que essa transformação traria para ela, para o marido e, principalmente, para Edmundo. Veio a senti-lo quando a ambulância negra voltou, dois anos depois da sua primeira aparição. Era uma segunda-feira, 26 de outubro de 1941. Na memória de Sylvio, os guardas sanitários entraram de repente na casa, como policiais atrás de um criminoso, revistaram todos os cômodos e levaram seu irmão à força, enquanto a mãe, aos prantos, implorava para que o deixassem. Os guardas teriam se limitado a informar que ele seria submetido a exames, não permitindo que ninguém o acompanhasse.

Palma Donato, no entanto, contaria que ouviu da sogra, na única ocasião em que esta lhe relatou o episódio, pouco antes de seu casamento, uma história diferente, mais detalhada e mais dramática. É a mesma que o marido lhe repetiria inúmeras vezes, durante anos e anos, sob o compromisso, jamais quebrado, de que a guardaria como um segredo, junto com todos os detalhes sobre sua doença, enquanto ele vivesse. Os guardas, depois de passar pela casa, foram encontrá-lo a quatro quarteirões, em um bar da praça Marechal Deodoro, onde ele jogava bilhar. Ele tentou fugir, mas o mal perfurante nos pés, que se agravara, impediu que corresse. Não conseguiu ir além da calçada. Com a mesma técnica usada pelos homens da carrocinha para pegar cachorros na rua, um dos guardas tirou uma corda da cintura e laçou-o pelo tronco. Edmundo, um jovem de dezesseis anos, foi empurrado para a ambulância, que arrancou em direção à avenida Doutor Arnaldo, onde se localizava a sede do DPL. Ele chegou lá amarrado e, horas depois, seria mandado para Mogi das Cruzes, a 61 quilômetros da capital.

3. "Aqui renasce a esperança"

Ficava no município de Mogi das Cruzes o asilo-colônia Santo Ângelo, um dos cinco sanatórios construídos ou reformados pelo DPL para abrigar, em regime de confinamento, os hansenianos identificados no estado de São Paulo. Os outros quatro eram o de Aimorés, em Bauru; o de Cocais, em Casa Branca; o de Pirapitingüi, em Itu; e o Padre Bento, em Guarulhos. Havia também dois preventórios para os filhos sadios dos enfermos: o Asilo de Santa Teresinha do Menino Jesus, em Carapicuíba, mantido por entidades beneficentes, e o de Jacareí, pertencente ao governo estadual.

Os asilos-colônia eram pequenas cidades. Tinham prefeitura, delegacia, cadeia, hospital, igreja, campos de esporte e área de lazer — além de oficinas, olarias, minifábricas, hortas e áreas para criação de animais, que serviam tanto para ocupar os doentes como para garantir parte de sua manutenção. Eles reproduziam, em menor escala, as diferenças da sociedade da qual os internos haviam sido retirados. A imensa maioria morava em pavilhões coletivos, com 24 camas. Os internos em condições de pagar viviam nos "carvilles", assim chamados numa referência ao centro de tratamento de Carville, na Louisiana, Estados Unidos, com quartos individuais. Ou podiam alugar, comprar ou construir casas, dentro, evidentemente, dos limites dos asilos, que eram cercados de muros altos. Comiam em refeitórios separados, que ofereciam alimentação de melhor qualidade que a destinada aos doentes sem recursos.

Havia três zonas distintas nos asilos: a "sã", a "intermediária" e a "doente", ou, respectivamente, a limpa, a neutra e a de contágio, segundo relata a historiadora Yara Nogueira Monteiro.* A zona sã compreendia a área administrativa e as casas dos funcionários. A intermediária reunia o posto de fiscalização de visitas e o parlatório, onde os internos, em geral um domingo por mês, recebiam seus parentes. Os visitantes, durante esses encontros, ficavam a uma distância média de 1,5 metro dos internos, separados por uma cerca de arame farpado. A zona doente era o asilo propriamente dito. Era difícil que um interno obtivesse autorização para passar de uma zona para a outra. Uma portaria com cancela, onde se postavam guardas armados, assegurava a separação das zonas doente e sã.

Dos cinco asilos, o de Cocais era considerado o pior. Com muitos internos (1888 no ano de 1942), quadro clínico insuficiente e acesso difícil, ganhou entre os médicos o apelido de "Sibéria". Alguns deles foram removidos para Cocais como punição funcional. O Padre Bento, ao contrário, era apontado como o sanatório-modelo. Antigo hospital psiquiátrico, localizava-se a apenas dezessete quilômetros da capital. Ia-se até lá em um maria-fumaça com bitola estreita, operado pela Estrada de Ferro Sorocabana. O trem fazia o trajeto da estação da rua João Teodoro, no bairro paulistano da Luz, até Guarulhos. Chegava ao distrito de Cobreúva, onde se localizava o sanatório, depois de parar em Jaçanã — que seria imortalizada pelo compositor paulista Adoniran Barbosa em sua música "Trem das onze", de 1965 —, Carandiru e Parada Inglesa. Gastavam-se cerca de cinqüenta minutos na viagem. Com um bem montado espaço de lazer, o Padre Bento dispunha de cine-teatro, salão de baile,

---

* "Da maldição divina à exclusão social: um estudo da hanseníase em São Paulo", tese de doutoramento apresentada em 1995 à Faculdade de Filosofia, Letras e Ciências Humanas da Universidade de São Paulo e da qual foram extraídas outras informações para este capítulo.

bilhar e biblioteca. Sua população constituía-se, basicamente, de portadores da forma não-contagiosa de hanseníase e que não apresentavam formas clínicas em estágio avançado. Era o único asilo que não tinha cadeia.

Quando um de seus internos tentava fugir ou cometia falta considerada grave, em geral ia para a cadeia de Pirapitingüi. Esse sanatório foi um dos primeiros a ser erguidos na então província de São Paulo, no século XIX. Não passava de uma vila com sessenta casas de madeira quando o DPL o transformou em um enorme asilo, que chegou a ter 3 mil internos. Trabalhou ali durante décadas, até morrer, aos 92 anos, em 1911, o lendário padre Bento Dias Pacheco, que dedicou a maior parte da vida aos hansenianos, tornando-se objeto de devoção entre os doentes paulistas. O sanatório de Guarulhos foi batizado em sua homenagem. Por volta de 1940, o corpo clínico de Pirapitingüi contava com sete médicos, um dentista e um farmacêutico. O serviço de enfermaria cabia a 45 internos não diplomados. Aimorés e Santo Ângelo tinham uma estrutura semelhante.

Em todos os sanatórios, funcionavam as Caixas Beneficentes. Criadas pelo médico Lauro de Souza Lima, eram uma espécie de cooperativa. Os próprios doentes encarregavam-se da administração, mas a direção ficava a cargo dos sanatórios. Por meio de contribuições dos internos, de suas famílias e de doadores, as caixas financiavam a construção dos centros de lazer dos asilos. De acordo com o estudo de Yara Monteiro, elas tinham uma função adicional: permitiam que o DPL neutralizasse a ação das entidades filantrópicas e assistenciais dedicadas à hanseníase, estreitando seu espaço de atuação, que deveria passar, necessariamente, pelas Caixas Beneficentes. Isso convinha ao departamento, pois muitas dessas antecessoras das ONGs mostravam-se contrárias à política de internação compulsória. Àquela altura, no início dos anos 40, o modelo isolacionista encontrava-se solidamente implantado em São Paulo. Assim, quando um doente chegava a um dos asilos sabia que estava sendo arrancado de tudo: família, amigos, casa, escola, trabalho, passado e projetos para o futuro. Na prática, virava um banido. Só mesmo a cura, vista na ocasião para a esmagadora maioria dos casos como algo tão remoto quanto improvável, poderia levá-lo de volta à vida em liberdade.

Que perspectivas restariam então para um rapaz que, ao ser examinado na sede do DPL, ganhou no prontuário, o de número 19532 — que para sempre estaria ligado ao seu nome nos registros do departamento —, o mais aterrorizador e estigmatizante dos diagnósticos? Com caneta-tinteiro, o médico Raul Margarido escreveu em maiúscula no verso da ficha de Edmundo: "L". A letra significava que ele era portador da pior forma da doença, a lepromatosa completa — transmissível, causadora de seqüelas irremediáveis e na época ainda incurável. Feito o diagnóstico, decidiram interná-lo imediatamente em Santo Ângelo.

A primeira coisa que ele deve ter visto ao entrar no asilo-colônia foi o dístico colocado em seu pórtico: "AQUI RENASCE A ESPERANÇA". Teria sido mais apropriada a frase que, na *Divina comédia* de Dante, estava inscrita na entrada do Inferno: "Abandonai toda esperança, vós que entrais!". Era o início de seu mais longo e doloroso tormento. E, por uma ironia, da realização de seu maior sonho. Dois meses e meio depois, numa manhã de domingo, ele sentiu o que descreveria como "a primeira e, talvez, única grande emoção de minha vida". Tinha virado escritor.

4. Um novo nome

Desde a entrada na adolescência, Edmundo colocara na cabeça que seria escritor como seu irmão Mário Donato. Dez anos mais velho do que ele, Mário publicara seu primeiro livro em 1938: o poema *Terra*. Ganharia fama em 1948, com o lançamento de *Presença de Anita*, romance que provocaria um tremendo escândalo e meio século mais tarde, adaptado para uma minissérie da Rede Globo, causaria novamente rebuliço, dessa vez com as cenas de sexo e nudez interpretadas pela jovem protagonista, Mel Lisboa. Em 1942, depois de ter trabalhado com o pai na oficina de encadernação, onde fazia a douração da lombada dos livros, e de ter abandonado o curso de contabilidade, Mário era redator e articulista de *O Estado de S. Paulo*. Em pouco tempo seria promovido a secretário de redação, num período em que o jornal fora arrancado de seus proprietários, a família Mesquita, e estava sob intervenção da ditadura do Estado Novo.

Edmundo, que mantinha uma relação menos próxima com os demais irmãos, Sylvio e Lydia, adorava Mário. Procurava ler tudo o que ele escrevia. Admirava seu sucesso profissional, sua elegância e seu poder de sedução com as mulheres. Só lamentava que, pela idade, não pudesse acompanhá-lo nas saídas pela noite paulistana, que freqüentemente terminavam de manhã. Mário não acordava antes do meio-dia. Ao sair do quarto, de *robe de chambre* bordô, ia para a mesa posta da sala. Marianina o censurava por chegar tão tarde, gostar tanto de uísque (podia encarar meia garrafa numa noitada), fumar demais (quatro maços por dia), andar com mulheres que considerava de má reputação, ter abandonado a Igreja e alimentar umas idéias comunistas. Mas fazia todas as suas vontades. Antes do almoço, servia-lhe um pratinho de laranjas descascadas em gomos. Referia-se a ele como "o meu filho Mário", com ênfase no artigo e no pronome. Se Edmundo sentia ciúmes, não demonstrava. Mal o irmão sentava-se à mesa, puxava uma cadeira ao seu lado.

Com certo receio, mostrava-lhe os primeiros contos que escrevera. Mário ficava sério, pegava a caneta e imediatamente tratava de trocar palavras, inverter frases e cortar parágrafos inteiros. Edmundo olhava o irmão, quieto e respeitoso, à espera do seu parecer. Anos mais tarde, ele adotaria uma postura idêntica sempre que amigos, conhecidos e desconhecidos vinham lhe pedir uma avaliação de seus textos. Exigente e implacável, Mário fazia tantas emendas que o caçula nem reconhecia o original.

— Você só deixou minha assinatura! — queixava-se.

— Não se preocupe — dizia Mário. — O próximo ficará melhor.

Edmundo desistiu de lhe submeter seus originais, mas continuou escrevendo. Ele mesmo não ficava satisfeito com o resultado e jogava quase tudo fora. Ainda assim, a idéia não saía de sua cabeça. Queria ser escritor. As duas coisas de que ele mais gostava no mundo eram ler e escrever. Lia muito. Se algo não faltava em sua casa eram livros. Além dos que Mário comprava ou ganhava, dispunha da biblioteca de seu pai. Aliás, duas bibliotecas. Uma própria e outra, digamos, circulante. Leitor igualmente compulsivo desde o dia em que devorou um exemplar de *O príncipe feliz*, de Oscar Wilde, o pai atrasava de propósito a entrega das encadernações, alegando excesso de encomendas, para poder ler as obras que o interessavam. Por imposição da mãe, Edmundo tornara-se leitor da Bíblia. Acabou gostando, por razões mais literárias do que religiosas. Manteria a vida inteira um exemplar na mesa de trabalho e costumava abri-lo ao acaso para ler uma ou duas páginas. O que guardou por mais tempo foi o presenteado pela mãe, no dia de seu 36º aniversário, em 1961. "Sua linguagem forte me falou diretamente", recordaria. "Em poucas páginas, ela contava um século de história. Era sintética, dramática, poética, e continha o mistério do tempo em sua marcha incansável."

Deleitava-se também com as obras infantis que ganhara de presente do pai: *História do Brasil para crianças*, de Viriato Correia, *História do mundo para crianças*, de Monteiro Lobato, e *Coração*, de Edmondo de Amicis, com aquela capa que trazia o desenho de uma menina e um menino se beijando na boca. Este último ajudou a despertar sua vocação. "Acredito ter sido o livro que me ensinou a olhar além do meu nariz, a perder o pudor de me emocionar, a valorizar os pequenos lances de uma narrativa", diria em sua curta autobiografia *O caso do filho do encadernador*, na qual, como em tudo o que escreveu, omite por completo qualquer referência sobre sua doença e salta, como se não tivesse acontecido, o período em que ficou internado.

Edmundo não demorou a descobrir um escritor francês do século XIX que o encheu de entusiasmo logo nos primeiros parágrafos. Era o contista Guy de Maupassant, autor de *Bola de sebo*, *A casa Tellier* e *Contos de galinhola*. Ficou tão encantado que comparou sua técnica de apresentar os personagens a uma mesa cheia de doces à disposição de uma criança. Começou a imitá-lo e, inspirado em seu estilo, finalmente escreveu um conto que considerou bom. Chamava-se "Ninguém entende Wiu-Li", uma história ingênua ambientada na China. Terminava assim: "É preferível ser bom do que mau; mas é preferível ser mau do que tolo". Para um garoto de dezesseis anos, não estava ruim.

Mário concordou. O irmão menor desistira de ficar escondendo seus textos e voltou a lhe pedir opinião. Entregou-lhe o conto no asilo-colônia Santo Ângelo, poucas semanas depois de ter sido internado, durante uma das primeiras visitas que recebeu. Mário disse que iria levá-lo para examinar melhor em casa. No domingo seguinte, 18 de janeiro de 1942, mandou para ele um exemplar da *Folha da Manhã* (atual *Folha de S. Paulo*). Edmundo gritou de alegria. A capa inteira do *Suplemento*, o caderno literário do jornal, estava ocupada pelo seu conto. E quem o ilustrava? Não podia acreditar. O grande Belmonte, responsável pelos fantásticos desenhos que não se cansava de apreciar na *História do Brasil para crianças*. Mais do que isso, Benedito Bastos Barreto, o Belmonte, era o mais conhecido ilustrador da imprensa paulista desde 1925, quando criara o personagem Juca Pato. "Defensor do zé-povinho", careca ("de tanto levar na cabeça"), invariavelmente de gravata-borboleta e óculos redondos, Juca Pato popularizou-se a ponto de batizar graxa de sapato, marca de café, bar e restaurante. Juca Pato marcaria o início e, muito tempo mais tarde, um dos momentos finais da vida literária que acabava de nascer.

Tempos depois daquele domingo, Edmundo soube que Mário, embora trabalhasse no *Estadão*, havia levado seu conto à *Folha*, onde tinha amigos, sugerindo a publicação. Belmonte, que se encontrava na redação, ofereceu-se para ilustrá-lo e desenhou na hora, com nanquim, a figura de um chinês, de grandes bigodes, caindo do céu. O conto não estava assinado por Edmundo Donato, mas com o pseudônimo que adotou: Marcos Rei (com "i", que em seguida substituiria por "y"). Tirou o nome da Bíblia, e o sobrenome, da bisavó materna que não conheceu, a italiana Maria del Ré.

Em inúmeras ocasiões, ele explicou sua decisão. Teria sido um conselho do irmão, para evitar confusões com dois outros escritores: o próprio Mário e Hernâni Donato, de quem não eram parentes, futuro autor de *Chão bruto* e *Selva trágica*. "Três seria demais", afirmaria Marcos. A justificativa não se sustenta. Na época, Hernâni tinha vinte anos e Mário publicara somente uma poesia. Eles fariam carreira na literatura, lançariam uma série de livros e seriam eleitos para a Academia Paulista de Letras, mas quem podia adivinhar? No verão de 1942, nenhum deles era conhecido como escritor fora dos círculos de suas relações.

Por que então Edmundo Donato se transformou em Marcos Rey? Provavelmente pela mesma razão que levou muitos hansenianos a mudar de nome: para ter uma nova identidade, que não constaria dos arquivos do DPL e impediria que alguém soubesse, ao vê-la impressa, de quem de fato se tratava. Pesquisadores da história da hanseníase no Brasil ouviram inúmeros relatos de doentes que conseguiram trocar o nome inteiro, apagando desse modo o rastro de seu passado e preservando do estigma da enfermidade o sobrenome da família. Edmundo não alterou o seu no registro civil e sempre se orgulhou de ser um Donato. Como Marcos Rey, no entanto, pretendia mergulhar em uma outra vida tão logo pudesse sair daquela prisão em que o haviam colocado. Na verdade, sentia que já a iniciara. Era agora um escritor, pois seu conto fora publicado. Tinha uma dívida de gratidão com o irmão. Uma, não. Duas. Mário iria tratar de tirá-lo de lá.

5. Os cavaleiros da praga divina

Menos de cinco meses depois de ter sido internado no asilo-colônia Santo Ângelo, Edmundo foi transferido para o sanatório Padre Bento, em Guarulhos. A remoção contrariava o regulamento do DPL. Para começar, o Padre Bento era destinado a doentes portadores de formas não-contagiosas e não avançadas da moléstia. Ora, o diagnóstico havia mostrado que esse não era o caso de Edmundo. Além do mais, a transferência só poderia ser autorizada após um ano de internação e, para tanto, baseado em suposições científicas adotadas na época, o DPL exigia que o paciente apresentasse resultados negativos em doze exames de baciloscopia consecutivos. Esta, por sinal, era uma queixa comum entre os internos. Eles afirmavam que, após onze exames negativos, o 12° quase sempre dava resultado positivo.

Nesse caso, como Edmundo conseguiu sair tão depressa de Santo Ângelo? A única resposta possível, embora sua ficha nada esclareça a respeito, é a interferência de Mário. Quem na família tinha bons relacionamentos? Só ele. Com seu prestígio como jornalista do *Estadão*, que durante o período em que esteve sob a intervenção da ditadura Vargas publicava notícias favoráveis sobre as iniciativas do DPL, Mário convenceu as autoridades sanitárias a transferir o irmão para o Padre Bento porque lá havia duas alas destinadas aos doentes menores de idade. Se precisava ficar isolado, o Padre Bento seria o mal menor. Próximo da capital, era considerado um sanatório-modelo, onde volta e meia o interventor Adhemar de Barros, formado em medicina,

MALDIÇÃO E GLÓRIA

aparecia para visitas oficiais. Tinha na ocasião 867 doentes, a metade da população de Santo Ângelo.

Apesar de menos sacrificados, os internos do Padre Bento sofriam a mesma restrição básica imposta nos asilos-colônia. Afinal de contas, encontravam-se presos, sem possibilidade de sair. É verdade que não se submetiam a regras tão duras como as de Santo Ângelo, Cocais, Pirapitingüi e Aimorés, nos quais todos precisavam se levantar às seis horas e recolher-se às oito e meia da noite. Neles, durante o dia, os doentes trabalhavam na lavoura ou em pequenas fábricas. A vida no Padre Bento era menos sofrida, com despertar livre, uma sirene para dormir que só soava às 22 horas e nenhum tipo de trabalho compulsório. Esse sanatório abrigava doze pavilhões (seis para mulheres, quatro para homens e dois para menores), oito grupos de casas conjugadas para casais, 28 casas isoladas e a residência do diretor.* Dispunha ainda de uma escola primária e cursos profissionalizantes. Para os meninos, eram dadas aulas de sapataria, eletricidade, marcenaria, mecânica e tipografia. Para as meninas, de costura e bordado.

Edmundo não se interessava por nada disso. Sua principal ocupação era a leitura. Lia os livros mandados pelo irmão e os disponíveis na biblioteca da Caixa Beneficente do sanatório, administrada pelo interno Fuad Abílio Abdala, de quem logo se aproximou. Filho de um imigrante libanês radicado em Pedregulho, no interior paulista, Abdala tinha um poder que Edmundo invejava: durante os onze anos em que permaneceu no Padre Bento, entre 1937 e 1948, decidia quais livros e revistas seriam comprados para a biblioteca, com a verba das contribuições recebidas pela Caixa. Algumas dessas compras eram sugeridas por Edmundo. Quando chegavam os livros que o interessavam, ele pedia a Abdala que lhe emprestasse em primeira mão.

---

* Levantamento da dermatologista Thaís Romero Gatti, do Complexo Hospitalar Padre Bento de Guarulhos, in *Jornal Dermatológico*, setembro/outubro de 1999.

Além de ler e de às vezes jogar dominó, Edmundo escrevia. Não demorou a ganhar o apelido de "Poetinha". Junto com outro interno, Aldo Raso, escreveu a comédia em três atos *Eva*. A peça foi encenada no cine-teatro do Padre Bento. No cartaz, com o desenho da serpente e da maçã, permitiu que colocassem seu nome verdadeiro. Fez isso conscientemente. Lá dentro, ninguém sabia da existência de Marcos Rey. Fora, ninguém saberia da história de Edmundo Donato. Rasgaria tudo o que escreveu no sanatório, incluindo os originais da peça e a cópia de um soneto que dedicou a Abdala para agradecer os privilégios que usufruía na biblioteca. Abdala também jogou fora o poema, que considerou ruim e um tanto bajulatório. Dessa fase, Marcos conservaria apenas um romance inédito, concluído anos depois. Deu-lhe o título de *Os cavaleiros da praga divina*. São 233 páginas datilografadas que sobreviveriam no armário onde Palma as guardou, ao lado da Remington elétrica do marido. É o único texto em que abordou o tema da hanseníase. Mas não reflete sua experiência pessoal.

O romance trata das desventuras de um bando de gateiros (como são chamados os mendigos portadores da doença) que fica errando no interior de São Paulo para fugir da internação. Marcos nunca foi um gateiro e deve ter se inspirado nos relatos que ouviu nos sanatórios. Não mostrou a obra a ninguém e exigiu que a mulher não a lesse antes de sua morte.

Na história, os gateiros se dividiam entre as duas alternativas possíveis que tinham na vida: fugir sem rumo ou entregar-se nos asilos. Em seus acampamentos, aparece um frei curandeiro que os aconselha a tomar um chá milagroso que lhes provoca cólicas. Eles jogam dados, discutem, brigam, tomam muita cachaça e aos poucos vão perdendo a esperança. As mulheres sabem que nos asilos serão separadas de seus filhos. Apegam-se às poucas coisas que têm: os cavalos, um violino do qual sobrou uma última corda, um bilboquê, um almanaque.

— Conheceu um tal Quincas?

— Conhecemos, sim. Quem não conhece o Quincas?

— Pois ele foi morto.

— Por que mataram o Quincas?

— É que quiseram internar ele num asilo. Todos nós vamos ser internados. O Quincas não quis ir pro asilo. Reagiu. Reagiu feio. E acabou levando um tiro bem aqui, no peito.

Diz outro personagem:

— Nós já não somos gente, Romão, somos números. Você é o número 543 e eu sou o número 210. Estes são os números de nossas camas, de nossos armários e de nossos túmulos. Guarde bem, Romão: você não é mais gente, você é o número 543.

Nos documentos do DPL, ele seria sempre identificado como o "doente Edmundo Donato, prontuário 19 532". Ele mesmo, porém, não está no romance. O autor descreve o drama à distância, como se não o tivesse vivido. Em nenhum momento se envolve. Um bloqueio invencível o impediu de passar sua tragédia pessoal para o papel.

— Marcos, escreva sobre sua internação — sugeriu Palma, anos a fio.

— Não posso, não posso...

Ela garantiria que, durante os 39 anos do casamento, foram raros os dias em que ele não tocou pelo menos de passagem na doença que sofreu. Mas jamais deu indício algum de que aceitaria a sugestão da mulher. Finalmente, ela ouviu a palavra definitiva do marido:

— Eu não vou escrever nada sobre o que passei. Não quero. Não consigo. No dia em que eu morrer, você conta.

E fez uma recomendação:

— Quando chegar a hora, não esqueça de falar do Salles Gomes.

6. "Eu sou o Deus de vocês!"

Quando, logo após a Revolução de 30, a campanha contra a hanseníase tornou-se a prioridade da saúde pública em São Paulo, o governo do estado saiu em busca de um homem capaz de dirigir a operação. Seria uma tarefa colossal. Tratava-se de estruturar o recém-criado Departamento de Profilaxia da Lepra, recrutar e treinar equipes médicas, construir asilos-colônia em várias regiões do interior, identificar milhares de doentes e montar um eficiente aparato policial para tirar das ruas, dos acampamentos e de suas casas todos os portadores da moléstia, sem exceção. Como se viu, as discussões sobre a melhor forma de enfrentar a doença estavam encerradas. Vitoriosos, os defensores do isolamento compulsório sustentavam que, desde 1872, com a descoberta do agente causador pelo médico norueguês Gehard Henrick Hansen, o *Mycobacterium leprae*, que ficou conhecido como bacilo de Hansen, comprovara-se que a hanseníase se transmitia pelo próprio doente. Assim, eles entendiam que o isolamento geral e irrestrito da população infectada resolveria o problema em pouco tempo.

A pessoa escalada para comandar essa cruzada sanitária era um cirurgião e higienista com experiência em campanhas contra a febre amarela, a sífilis e a malária. Chamava-se Francisco de Salles Gomes Jr. Ele nasceu em Tatuí, no interior de São Paulo, em 1888, e orgulhava-se de ter se formado, como o pai, na mais antiga faculdade de medicina do Brasil, a da Bahia, criada em 1808 por dom João VI, na praça Terreiro de

Jesus, em Salvador. Com o diploma nas mãos, Salles Gomes mudou-se para São Paulo por volta de 1914 e abriu consultório na rua São Bento, no Centro da cidade. Segundo de uma prole de dez filhos, ele pertencia a uma família rica, dona de uma importante indústria têxtil, a Companhia Fiação e Tecidos Santa Maria, com sede em Sorocaba, no interior de São Paulo. O pai era baiano. A mãe, Anna Lilian Kenworthy Salles Gomes, nascida em Lancaster, no norte da Inglaterra, mudara-se para o Brasil na adolescência, quando seu pai veio dirigir a tecelagem da qual depois se tornaria dono. Na casa deles, tomava-se uísque escocês numa época em que a bebida era uma raridade no país. Salles Gomes e seus irmãos falavam inglês fluentemente. Porte elegante, olhos azuis, cabelos crespos repartidos ao meio, alto (1,80 metro) e lépido, mantinha a forma com caminhadas matinais entre o casarão em que morava, na rua Dr. Veiga Filho, 323, em Higienópolis, e a praça da República, a 1,5 quilômetro de distância. Gostava de andar de bicicleta e nos fins de semana jogava futebol. "Foi o homem mais bonito da família e mesmo depois dos setenta anos continuava muito charmoso", lembraria a pedagoga Elly Anna Salles Gomes, viúva de um de seus sobrinhos.

Sua mulher, Gilda Moreira de Salles Gomes, era uma bela senhora, chique e cosmopolita. Tiveram dois filhos. O mais velho, o magro e discreto engenheiro químico Francisco Guilherme, herdou o físico e a personalidade do pai. O mais novo, que puxou à mãe na extroversão e na permanente inquietude, ganharia fama como intelectual. Ensaísta, crítico, professor da Universidade de São Paulo, militante de esquerda e um dos fundadores da Cinemateca Brasileira, Paulo Emílio Salles Gomes foi um defensor radical do cinema nacional. Em um de seus arroubos, chegaria a afirmar que "o pior filme brasileiro diz mais de nós mesmos do que o melhor filme estrangeiro". Paulo Emílio casou-se duas vezes. Na primeira, com Sonia

Houston Veloso Borges; na segunda, com a escritora Lygia Fagundes Telles. Bonita e elegante, Lygia seria colega de Marcos na Academia Paulista de Letras e, quando solteira, alvo de uma paixão de Mário Donato, que durante algum tempo deixou exposta no quarto uma pequena foto emoldurada da então jovem contista, romancista e aluna da Faculdade de Direito do Largo de São Francisco. "Se houve paixão por parte dele, foi platônica", afirmaria Lygia. "Mário esteve apenas uma vez em minha casa, onde tomamos um cálice de vinho do Porto na presença de minha mãe." Nas muitas conversas que teve com Lygia nas sessões da Academia, Marcos jamais tocou no nome do dr. Salles Gomes.

Por causa de Paulo Emílio, a casa da família Salles Gomes transformou-se em um ambiente efervescente. Era um sobrado em estilo colonial, com janelas azuis, duas grandes salas, três quartos e apenas um banheiro social. Ali, o *enfant terrible* paulistano dos anos 30 recebia amigos como os críticos Decio de Almeida Prado e Antonio Candido, com quem fundaria a revista *Clima* — inicialmente para rodadas de pôquer, o que levou a residência a ser conhecida como "o cassino da Veiga Filho", mais tarde para projeções de filmes clássicos, como *O gabinete do dr. Caligari*, do alemão Robert Wiene. Por uma época, o pintor Aldemir Martins viveu lá. Gilda e o dr. Salles Gomes separaram-se após alguns anos de casamento, mas permaneceram morando juntos, cada um em seu quarto. Educado e formal, ele continuava a abrir portas para a ex-mulher e a puxar a cadeira quando ela ia sentar-se.

Foi esse médico cerimonioso, reservado, tolerante com os filhos, dado a certos refinamentos, bem de vida, prepotente e dono da verdade que o interventor no estado, o coronel pernambucano João Alberto Lins de Barros, nomeou para chefiar, com plenos poderes, o combate à hanseníase em São Paulo. Ele estava com 42 anos. Nos quinze anos seguintes, em um

MALDIÇÃO E GLÓRIA

período que coincide com a primeira era Vargas e termina com a ditadura do Estado Novo, o dr. Salles Gomes, como costumava ser tratado, ou Sallesinho, seu apelido familiar, agiu de forma determinada, inflexível e brutal para alcançar seu objetivo. Não lhe faltavam meios para isso. Embora formalmente subordinado ao secretário de Educação e Saúde, o Departamento de Profilaxia da Lepra tinha autonomia administrativa e financeira.

Convencido de que a missão que lhe fora confiada era defender a saúde pública e proteger do contágio a população sadia, ele prometeu "varrer a lepra de São Paulo em vinte anos". Acreditava que, para tanto, teria que usar métodos coercitivos. E usou. No período em que dirigiu o DPL, foram fichados no estado 22 248 doentes. Com laços, armas e ambulâncias negras, sua Guarda Sanitária internou cerca da metade deles nos asilos-colônia, nos quais o dr. Salles Gomes mandou erguer muros e cercas de arame farpado. Dotou também os sanatórios de todos os recursos clínicos disponíveis na época, que não eram muitos e tampouco levavam à cura, e de bons equipamentos de lazer, mas não esqueceu de construir cadeias para prender os que infringiam o regulamento ou ousavam fugir. Estes eram punidos com rigor. Marcos repetiu várias vezes para Palma que, depois de uma tentativa de fuga do Padre Bento — ele foi recapturado em seguida e levado para a cadeia de Pirapitingüi —, Salles Gomes chegou a estapeá-lo no rosto. Em outra fuga, o diretor do DPL lhe deu uma cintada nas pernas quando ele foi recapturado. Ao ser informada pelo filho das agressões, Marianina ficou indignada, evidentemente, e procurou o médico para protestar. Ele não a recebeu.

Um antigo interno disse que testemunhou este diálogo entre o diretor do DPL e um doente preso que pedia para ser libertado:

— Doutor, faça o favor, pelo amor de Deus! — disse o detido.

— O Deus de vocês sou eu, a chave está na minha mão —

teria respondido Salles Gomes. — Se eu quiser jogar a chave fora, eu jogo. Eu sou o Deus de vocês!*

"Ele era um demônio", costumava contar Marcos para a mulher. Intocável, Salles Gomes permaneceu no cargo enquanto mudavam os interventores ou governadores — passou por nove — e os secretários de Saúde. Tinha a reputação de ser um servidor público exemplar e foi o principal responsável por um serviço apontado como modelo para seus congêneres em outros estados, que no entanto internavam apenas os doentes considerados mais graves.

Apesar de seu poder, Salles Gomes teve uma atitude surpreendente quando Paulo Emílio, às vésperas de completar dezenove anos, no final de 1935, dias após a tentativa de golpe comunista em Natal e no Rio de Janeiro — a chamada Intentona —, foi preso por motivos políticos. Salles Gomes procurou o delegado de Ordem Política e Social, Eusébio Egas Botelho, e fez uma ameaça:

— Eu considero o senhor responsável pelo que possa acontecer com meu filho. Se tocarem nele, eu lhe mato.**

Mas, ao contrário do que seria de esperar em tal circunstância, nem ele nem sua mulher intercederam junto ao governador Armando de Salles Oliveira, ao qual tinham fácil acesso. Paulo Emílio ficou preso um ano e três meses no Presídio Político da Capital, conhecido como Presídio do Paraíso, numa irônica referência à rua e ao bairro em que se localizava. Acabou fugindo por um túnel, com outros detentos, e foi para a Europa, de onde retornaria com a eclosão da Segunda Guerra Mundial. Mais tarde, quando se submeteu a uma cirurgia para corrigir um antigo problema de estrabismo, o pai comentou com seu humor cáustico:

---

*Yara Nogueira Monteiro, op. cit. (depoimento gravado pela autora).
**José Inácio de Mello Souza, *Paulo Emílio no Paraíso*, 2002.

— Eu acho que o Paulo com a vista no lugar não tem tanta graça.

O estrabismo do filho, sobretudo depois de curado, não passava mesmo de assunto para brincadeiras perto da notícia de dois casos de doença que haviam sido descobertos na família algum tempo antes. Se fosse uma história de ficção, talvez parecesse inverossímil.

7. A MORTE ANTES DA MORTE

Já não se sabe mais o ano exato dos acontecimentos. Todos os registros desapareceram ou ficaram inacessíveis. As pessoas que testemunharam o fato estão mortas e não contaram os detalhes a seus filhos. Em qualquer família, em qualquer época, a reação a tal notícia, dentro de circunstâncias semelhantes, seria certamente idêntica: o mais completo silêncio. O que se poderia esperar então diante da revelação de que dois irmãos mais novos de Francisco de Salles Gomes Júnior, o diretor do DPL que comandava com fúria e tenacidade o combate à hanseníase em São Paulo, haviam sido contaminados pela moléstia?

Por uma espantosa fatalidade, ambos a contraíram na década de 20. É possível que o contágio tenha se dado quase simultaneamente, através de uma mesma pessoa, talvez um empregado da casa — como se suspeita que tenha ocorrido com Marcos — ou da fazenda dos pais, em Tatuí. Sempre foi difícil precisar o momento de uma contaminação, e em conseqüência o responsável por ela, por causa do longo período de incubação da doença. Outra possibilidade é a de que um deles foi atingido pelo mal e o transmitiu para o irmão.

Eles chamavam-se Eurico Hermano e Pedro Paolo. Eurico Hermano, o quinto da prole, médico como Salles Gomes e o pai, nasceu em 1893. Pedro Paolo, o sétimo, era seis anos mais moço. Segundo pessoas da família, o próprio Salles Gomes fez o diagnóstico. Em seguida, teria comunicado aos pais e demais irmãos que ambos deveriam ser internados. Na época, já funcionava a Inspetoria de Profilaxia da Lepra, antecessora do DPL, e estava em vigor, desde 1921, um decreto federal que previa o isolamento dos doentes.

Diante disso, os irmãos decidiram sair de São Paulo. Eurico Hermano foi morar no Rio de Janeiro, onde seria muito menor o risco de que o recolhessem a um sanatório. Pedro Paolo mudou-se para a França e nunca mais voltou ao Brasil. Um dos parentes se lembra que ele enviou uma foto sua pelo correio, tempos depois. No retrato, que não foi tirado durante o inverno europeu, aparecia de luvas. Concluiu-se que suas mãos, como ocorre com tantos portadores da forma virchowiana da moléstia, poderia ter adquirido a seqüela da formação em garra. Ele se casou com a francesa Anaïs Françoise Bichard e morreu em 1934, perto de Paris, na cidadezinha de Soisy-sous-Montmorency, a mesma em que durante uma época residiu o filósofo Jean-Jacques Rousseau. Eurico Hermano também jamais retornou a São Paulo e morreria no Rio algum tempo depois.

Na morte de sua mãe, Anna Lilian, em 1941, os necrológios publicados nos jornais paulistas relacionaram, minuciosamente, os nomes dos filhos, genros, noras e netos. De oito filhos, na verdade. Ela teve dez, mas os dois, que já haviam morrido, foram omitidos. O assunto tornou-se um tabu. Como Marcos faria em relação a si próprio, Salles Gomes jamais mencionou a ninguém a desgraça que se abateu sobre dois membros de seu clã. Os que sabiam, calavam-se. Um outro caso relacionado à doença, também quase inacreditável, ainda iria surgir em sua vida. Mas ele só apareceria muitos e muitos anos mais tarde.

A breve e incompleta história dos dois irmãos Salles Gomes que foi possível reconstituir dá uma idéia, parcial mas assustadora, do estigma causado pela doença antes da descoberta de sua cura. "A morte antes da morte, é como os antigos egípcios denominavam a lepra", escreveu o americano John Farrow, pai da atriz Mia Farrow, no livro *Damião, o leproso*. "É uma descrição apropriada." Lançada em 1937, essa biografia romanceada conta a história do padre belga Damião de Veuster, que entre 1873 e 1889 foi viver, por vontade própria, na ilha de Molokai, no Havaí, para dar assistência espiritual e cuidar dos hansenianos lá confinados. Em frente à igreja do antigo asilo mineiro Santa Isabel, a 48 quilômetros de Belo Horizonte, há uma estátua em sua homenagem. Quatro anos antes de morrer, totalmente deformado, o padre Damião descobriu que se tornara hanseniano.

— Por que não descansa, padre Damião? — quis saber um de seus paroquianos.

— Descansar? — retorquiu ele. — Não é hora de descansar agora, quando há tanto ainda por fazer e meu tempo é contado!

Estava fora de dúvida que contraíra a moléstia. Alguns meses antes da dramática declaração, derramara por acaso, enquanto se barbeava, uma chaleira de água fervendo sobre o pé descalço; e apesar de ter o líquido escaldante lhe cauterizado a pele, não sentia dor. A insensibilidade é um dos primeiros estágios da lepra, sintoma esse que imediatamente reconheceu. Por mais inquietação que lhe trouxesse o fato, silenciou no entanto sobre ele até a visita à colônia do médico alemão dr. Arning.

Os dois homens encontraram-se na praia e foram apresentados por um oficial de bordo, mas o médico, que era admirador entusiástico da obra de Damião, ficou surpreso e aborrecido quando o padre aparentemente ignorou a sua mão estendida; surpresa que se transformou em compreensão quando, a caminho da aldeia, Damião escusou-se pelo seu ato de aparente descortesia dizendo, da maneira mais casual, que pensava ter contraído a lepra.

O médico fez um cuidadoso exame.

— Sinto imensamente informá-lo — disse por fim — que a sua certeza é fundada.

"Através dos séculos, ela tem sido conhecida como a mais incurável, a mais temida das moléstias", descreve Farrow. "Os hebreus mencionavam-na com horror. Os escritos romanos e gregos mostram que essas raças compartilhavam do mesmo pavor. Nos dias de hoje, zombando ainda dos progressos da ciência moderna, continua a ser uma chaga da humanidade." Segundo a Bíblia, seria uma maldição divina. Homens e mulheres tornavam-se hansenianos, de acordo com as Sagradas Escrituras, como castigo pela desobediência às leis de Deus, e deveriam ser punidos com o isolamento. Diz o Levítico, capítulo 13, versículo 45:

> O leproso portador desta enfermidade trará suas vestes rasgadas e seus cabelos desgrenhados; cobrirá o bigode e clamará: "Impuro! Impuro!". Enquanto durar a sua enfermidade, ficará impuro e, estando impuro, morará à parte: sua habitação será fora do acampamento.

Os doentes foram segregados ao longo dos séculos no mundo inteiro. Na Idade Média, podiam ser queimados vivos dentro de casa junto com tudo o que lhes pertencia. Nos séculos seguintes, quando saíam às ruas deviam segurar uma matraca e acioná-la para avisar de sua presença se alguém se aproximava. Farrow cita, em seu livro, alguns decretos baixados na Europa contra eles:

> "O leproso não deve sair sem o seu manto negro."
> "Não deve penetrar nas igrejas, moinhos ou padarias."
> "Não deve ir a feiras ou mercados."
> "Não deve lavar o rosto ou as mãos em fontes públicas."
> "Não deve tocar em nada a não ser com o seu bastão."
> "Não deve responder quando lhe falam, até que aquele que o interroga esteja na outra direção do vento."
> "Não deve passar em ruas estreitas depois de cair a tarde."
> "Não deve morar em cidade ou aldeia."
> "Sua única habitação deve ser em campo aberto, longe dos homens e das estradas."

Criou-se em torno deles a crença de que a maldade era uma de suas características. Dizia-se que, se rogavam uma praga, elas se realizavam. Havia finalmente a lenda de que um hanseniano conseguiria se curar se transmitisse a doença a sete pessoas, o que levava os indivíduos sãos a fugir deles como o tinhoso da cruz. No romance *A viagem maravilhosa* (1929), o escritor maranhense Graça Aranha mostra por um diálogo de dois personagens como tais crenças se incorporaram à mentalidade da época:

> — Medo, nunca. Tive nojo e vergonha. Que miséria para São Paulo deixar morféticos infeccionando as terras. Estive muito tempo na Europa e nos Estados Unidos e nunca vi leproso. Aqui no Brasil é esta tristeza, e no primeiro estado do país. Isto é civilização?
> — Você não viu nada, menino — observou Sigismundo.
> — Às vezes eles vão pela estrada. Quando aparece de longe um automóvel e estão em lugar que tem mato, um leproso deita-se no chão, finge-se de morto, os outros se escondem. O automóvel aproxima-se e por caridade os viajantes param para verificar se é ferido ou cadáver. Ah, os outros morféticos avançam e pegam nos viajantes com aquelas mãos horríveis para passar o mal. Eles acreditam que ficam curados se passarem a lepra a sete pessoas, que às vezes mordem, principalmente crianças...
> — É o tal beijo do leproso...

Na essência, as reações da sociedade não haviam mudado. Por aí podem-se compreender um pouco mais as razões que levaram Marcos a esconder o quanto pôde, como fizeram Eurico Hermano, Pedro Paolo e milhares de anônimos, o drama que marcou sua vida. E o que significou para vítimas como eles a política implacável que Salles Gomes personificou nos quinze anos em que dirigiu o DPL paulista. Salles Gomes continuaria nessa cruzada por um período ainda maior se uma mulher com igual obstinação não atravessasse seu caminho. Chamava-se Conceição da Costa Neves.

8. Vida de folhetim

Primeira mulher brasileira a assumir a presidência de uma Assembléia Legislativa, Conceição da Costa Neves teve uma longa e controvertida carreira política. Entre 1947 e 1969, ela exerceu seis mandatos de deputada estadual em São Paulo. Numa época em que pouquíssimas mulheres tinham atividades políticas no país, ela chamava a atenção menos por usar vestido do que pela coragem pessoal e pelos escândalos que protagonizava. Sua vida renderia capítulos de folhetim. Mineira de Juiz de Fora, filha de pais ricos, viu a família empobrecer quando era criança. Ela chegou a confessar que, naquela ocasião, roubava dinheiro da bolsa de uma vizinha, de quem se tornara amiga, para dar à sua mãe. "Foi o mais feio pecado que cometi", confessaria.

Conceição era uma jovem bonita e ainda se gabava, já na maturidade, de seu corpo, dos cabelos negros, das mãos, "brancas, longas, ao mesmo tempo súplices e dadivosas", e dos pés, "cantados em verso e prosa". Afirmava ter descoberto, bem cedo, que a humanidade não perdoa os fracos e que a um homem "se pode dizer tudo, negar tudo, fazer tudo", sem que ele se magoe, "desde que ele possa banquetear-se numa cama". Considerava-se "a mais corajosa, a mais irritantemente atrevida, a mais agressiva das mulheres" de seu tempo.

Talvez tenha sido. Desbocada, briguenta, teatral, sedutora, não raro vulgar, exibicionista e leviana, despertava ódios e paixões. Uma das glórias da intelectualidade paulista, o jornalista e escritor Paulo Duarte perderia por completo as estribeiras quando, em 1959, ela o acusou em um programa de televisão de ter dilapidado o patrimônio da ex-mulher. Para responder, Duarte escreveu dois extensos e pesadíssimos artigos, publicados como matéria paga na *Folha da Manhã*, em que dizia que ela usara a TV como "cano de esgoto à sua coprolalia" (impulso mórbido que leva o indivíduo a proferir obscenidades), xingando-a entre outros impropérios de "decaída", "marafona profissional", "messalina" e, em um primor de erudição indignada, "hetaira" (na antiga Grécia, mulher dissoluta, cortesã).

Desde os treze anos, idade em que se via como uma adulta, Conceição envolveu-se com homens muito mais velhos. Um deles foi o ator Procópio Ferreira, monstro sagrado do teatro brasileiro. Quando se conheceram, na década de 30, ela era noiva de um viúvo abastado no Rio de Janeiro. Procópio lhe telefonava várias vezes por dia com convites para passearem de automóvel à beira-mar, cada um com sua pequena filha: ela com Soninha, ele com a futura estrela Bibi Ferreira. Bom galanteador, Procópio passou a lhe mandar, em vez de flores ou chocolates, livros de Émile Zola, Camilo Castello Branco e Eça de Queirós com bilhetinhos apaixonados dentro das páginas. Acabariam vivendo juntos por três anos.

Graças a um empurrão e tanto de Procópio, Conceição transformou-se em atriz de sucesso. Adotou o nome de Regina Maura, sugerido pelo poeta e compositor Catulo da Paixão Cearense. Na época, conheceu celebridades, do presidente Getulio Vargas, de quem foi tiete a vida inteira, às estrelas do rádio Carmen Miranda, Francisco Alves e Mário Reis. Em 1932, Lourival Fontes, que seria chefe do poderoso Departamento de Imprensa e Propaganda do Estado Novo (DIP), coroou-a no Teatro João Caetano, no Rio de Janeiro, como a primeira Rainha do Baile das Atrizes.

Nessa ocasião, ela sofreu uma das tragédias que marcaram sua vida. Apenas um dia depois de caminhar com Conceição de mãos dadas pelas calçadas da Cinelândia carioca, sorridente e faceira, de vestido branco, boina e luvas, Soninha, que tinha cinco anos, foi atacada de difteria, doença infantil infectocontagiosa aguda. Houve complicações e horas mais tarde a menina morreu em seus braços. Era o terceiro filho que ela perdia. Mãe aos quinze anos, viu seu primeiro bebê morrer poucos dias após o nascimento. O segundo deles morreu com um ano, dentro da banheira, em circunstâncias que ela jamais detalhou.

Separada de Procópio, largou os palcos — bem, pelo menos o dos teatros — e deu a volta por cima. Mudou-se para São Paulo, tornou-se radialista e resolveu entrar na política. Precisava apenas de uma bandeira para deslanchar na nova carreira. Não demorou a encontrá-la. Alguns de seus ouvintes começaram a lhe mandar, no final de 1944, cartas denunciando as internações compulsórias e as precárias, às vezes desumanas, condições dos sanatórios de hanseníase. Ninguém falava disso no rádio e nos jornais. Ela decidiu investigar o assunto e quebrar o silêncio. Tinha dois meios para fazê-lo. Além de radialista, era agora presidente da Cruz Vermelha Brasileira no estado. Embora ainda não tivesse entrado em nenhum dos cinco asilos-colônia paulistas, dizia no ar que eles eram comparáveis aos campos de concentração nazistas, defendia o fim do isolamento obrigatório e criticava a atuação do DPL. Seus programas alcançavam crescente repercussão. Com freqüência, no horário em que a Rádio Nacional de São Paulo os transmitia, a energia elétrica era desligada nos sanatórios para que os doentes não pudessem ouvi-los.

Empolgada com os resultados da campanha, Conceição pediu uma audiência ao interventor Fernando Costa. Queria lhe entregar as cartas enviadas pelos doentes, pedir providências e conseguir autorização para visitar os sanatórios. O interventor recebeu-a poucos dias depois. Quando ela entrou em seu gabinete no Palácio dos Campos Elísios, havia mais uma pessoa na sala. Era o dr. Salles Gomes.

9. O HORROR

Logo no início da audiência, o interventor Fernando Costa elogiou o trabalho do médico José Maria Gomes.* Professor da Faculdade de Higiene e Saúde Pública, ele dirigira em 1926 a antiga Inspetoria de Profilaxia da Lepra e criara o serviço de dispensário para portadores da forma não-contagiosa. Marcos contaria que tinha com ele uma impagável dívida de gratidão. Quando estava no Padre Bento, seu mal perfurante nos pés agravou-se. Um dos médicos que o examinaram achou que era caso para amputação. José Maria Gomes discordou do diagnóstico e começou a tratá-lo.

— O senhor está enganado, doutor Fernando — afirmou o diretor do DPL. — O doutor Maria Gomes é um curandeiro! Botei-o para fora do leprosário porque ele estava fazendo negócios lá. Ele fazia propaganda comercial no leprosário Santo Ângelo.

Diante da perplexidade do interventor, ele acusou o colega de tratar de doentes particulares em seu consultório, o que a lei proibia.

— No Rio de Janeiro, isso é comum. Os fugidos daqui

---

* A reconstituição do encontro entre Conceição, o interventor Fernando Costa e Salles Gomes, bem como das visitas que ela realizaria em seguida ao sanatório Padre Bento e ao asilo-colônia Santo Ângelo, deve-se ao trabalho do taquígrafo Erasmo de Freitas Nuzzi, que a acompanhou. Suas transcrições produziram um documento de 81 páginas que se encontra nos anais da Assembléia Legislativa de São Paulo. É um retrato impressionante das condições em que viviam os pobres e miseráveis nos sanatórios paulistas e das quais eram poupados os que, como Edmundo Donato, tinham recursos próprios ou da família para permanecerem internados nos pavilhões especiais.

estão no Rio. Qualquer hora vou buscá-los. Eles estão freqüentando os consultórios dos médicos do Serviço da Lepra de lá, que é muito diferente do meu e é mesmo, desculpem a expressão, uma bagunça.

Sem permitir apartes de Conceição, Salles Gomes continuou suas acusações:

— Esses médicos atendem os doentes ricos, em prejuízo da coletividade, e põem nos bolsos trinta, sessenta, oitenta contos por mês. Aqui a coisa é diferente, não engano ninguém, nem o governo. Recolho todos os leprosos, ricos ou pobres, e os médicos do DPL de São Paulo não têm consultórios em clínicas particulares. Tenho responsabilidades, pois, por causa de dez mil leprosos, não vou prejudicar sete milhões e meio de pessoas sadias — disse, referindo-se à população do estado na época.

Dias mais tarde, Conceição escreveria para o interventor, afirmando que Salles Gomes havia mentido sobre o cumprimento da lei por parte do DPL e apresentou uma relação de médicos do órgão que manteriam consultórios particulares para atender doentes, com os respectivos endereços.

No final da tensa audiência, quando todos já estavam em pé, Salles Gomes deu um aviso a Conceição:

— A senhora precisa tomar cuidado, pois na diretoria da Cruz Vermelha, aqui em São Paulo, há um leproso.

— Como, doutor Salles Gomes? — ela perguntou. — Um leproso na Cruz Vermelha? E o senhor não o prendeu?

— Todas as semanas recebo um telefonema anônimo, que diz achar-se reunida a diretoria da Cruz Vermelha e achar-se entre eles um leproso — insistiu o médico.

Em seguida, dobrou os dedos sobre a palma da mão direita e explicou:

— A senhora observe. O diretor que tiver isto, esse é o leproso.

Apesar do bate-boca, Conceição saiu satisfeita do palácio. O interventor havia instruído o diretor do DPL a autorizá-la a ir aos sanatórios. Depois de quinze dias e dois telefonemas de cobrança, Salles Gomes lhe enviou um cartão de licença para visitar o Padre Bento. Ela foi lá no chuvoso 17 de maio de 1945, acompanhada de uma pequena comitiva. Além do taquígrafo Erasmo de Freitas Nuzzi, estavam presentes o tenente-coronel Nicanor Porto Virmond, da Segunda Região Militar, e o jornalista Osvaldo Correia, do *Correio Paulistano*. Eles não puderam conhecer os pavilhões e as enfermarias, como desejavam, mas reuniram-se com cerca de setecentos doentes no superlotado cine-teatro do sanatório. Ali, vários internos subiram ao palco e deram depoimentos. Para evitar represálias, ninguém se identificou. A cada relato, Conceição e sua comitiva mostravam-se mais horrorizados.

"As instalações são as piores possíveis: camas pelos corredores e camas enfileiradas perto das privadas, que são imundas, com um mau cheiro que ninguém suporta. A falta de água é coisa comum. A senhora pode bem imaginar o que isso representa."

"Morreu meu filho, e não pude ir vê-lo antes de sua morte. Aliás, não pude ir vê-lo nem depois de morto. Um infeliz perde o pai, a mãe, mesmo em São Paulo, que é perto, e não pode sair daqui para a última despedida."

"A comida é horrível e ninguém a suporta. Não serve para os doentes, que precisam ser bem alimentados. O que recebemos é o que há de pior."

"O meu tratamento é o chamado de infiltração, uma coisa bárbara. Veja como fica o braço da gente depois desse tratamento: todo cheio de cicatrizes, com estas manchas horríveis. Este é um tratamento para cavalos, se é que um cavalo suportaria. Estamos aqui como mortos-vivos. Se houvesse ainda alguma recompensa para tanto sacrifício, ficaríamos satisfeitos. Mas não temos a menor esperança."

"Os que fogem, fogem sempre pelo mesmo motivo: tratamento horrível, comida intragável, nenhum conforto moral, nenhuma consideração. A família de quem foge sofre as conseqüências, devido ao escândalo promovido pelos caçadores de leprosos, que vão até a residência das famílias, armam um barulho dos demônios e todo mundo fica sabendo do que se trata."

"Fui preso na praça da Sé. Quando vi, parou um carro perto de mim. Eu disse aos encarregados: 'Minha família me espera'. Eles disseram que não. Então eu disse: 'Eu vou até em casa, pego alguma roupa e dou minha palavra de que irei com vocês'. 'Não, senhor. Precisa ir já.' Eu cheguei a dizer que não iria com eles nem à força. Depois, fiquei com medo e pedi a um rapaz que estava perto, e me conhecia, que levasse um cartão para minha família. Senão, ela nem sequer saberia onde eu me encontro."

"Fui apanhado na rua. Faz um ano hoje. Pedi licença para ao menos me despedir de minha família e liquidar os meus negócios. A resposta que tive foi esta: 'Leproso não tem negócios!'. Me prenderam num quartinho do departamento e vim para aqui só com a roupa do corpo."

"A desumanidade aqui é tal que, veja a senhora, minha mãe estava com câncer, foi desenganada e os médicos lhe deram dois meses de vida. Pedi uma licença para o administrador. Ele disse que ia falar com o doutor Salles Gomes, e a resposta do doutor Salles Gomes foi esta: 'O câncer é uma doença que leva muito tempo para matar e, por isso, acho melhor esperar mais um pouco para visitar o doente'. Depois veio um irmão e eu disse para ele: 'Fale com o doutor Salles Gomes e explique que mamãe piorou e está à morte'. Nesse meio-tempo, ela morreu. Pedimos para ir vê-la antes de ser enterrrada. A resposta que obtive foi esta: 'Quem morre não faz falta e por isso não é necessário fazer essa visita!'."

"A gente se aborrece aqui dentro e então eu saí para fora, sem pedir licença, e fui preso. Passei trinta e seis dias numa cadeia. Trabalhei durante seis anos em Cocais e de lá me mandaram para Pirapitingüi. Fiquei na cadeia dormindo no chão. Agora estou aqui e, desde que cheguei, não recebi sequer uma fronha."

"O que a senhora pensa? Nós entramos aqui muitas vezes num estado quase bom e, quando é daí uns tempos, estamos inteiramente estragados, deformados, sem conserto. Nós somos umas verdadeiras cobaias e, note-se, este é o melhor leprosário do estado! Imagine os outros, que desgraça não serão!"

No mês seguinte, Conceição conseguiu visitar o asilo-colônia Santo Ângelo, onde seu diretor, o médico Nelson Souza Campos, levou-a para conversar com os doentes no campo de futebol. Logo à chegada, ouviam-se gritos de "Viva dona Conceição!", "Morra Salles Gomes!" e "Morra o ditador!". Ao contrário do que acontecera no Padre Bento, ela pôde entrar no refeitório, na enfermaria e nos pavilhões. O que viu e ouviu foi ainda mais estarrecedor.

> Saímos do refeitório e os doentes que nos esperavam do lado de fora nos falaram do famoso Corredor 10. Nesse corredor, vimos, ao lado dos armários que ocupam toda a sua extensão, camas em estado de sujeira indescritível, travesseiros rasgados e colchões no mesmo estado, colchas em verdadeira imundície. As camas, colocadas unidas umas às outras, deixavam um espaço insignificante para a passagem dos doentes pelo corredor. Foi-nos mostrado um dos dormitórios, que media cerca de dezesseis metros por cinco, o qual contava com vinte camas. Esse dormitório comunica-se diretamente, por uma entrada aberta, com as instalações sanitárias, cujo cheiro era dos piores. Os doentes disseram que estavam há quatro meses sem mudar a roupa de cama.
>
> Fomos conduzidos ao quarto de um porão, onde sobre uma cama velha e imunda o colchão esfarrapado, podre, sujo de excrementos de toda espécie, achava-se um doente, "louco", que se encontrava completamente nu. As grades dessa cela e o chão, por toda parte, estavam manchados de sangue e detritos do doente. O mau cheiro era horroroso. A impressão causada por esse quadro pavoroso é a mais dantesca que se possa imaginar. Um dos doentes comentou: "Esse doente, o louco, está jogado nesse buraco há três anos". O nome desse demente é João S. Linhares.
>
> Um dos doentes abriu o envelope selado e carimbado duma carta que enviara à sua família e queixou-se de que a administração do asilo-colônia carimbava nesses envelopes a palavra "leproso", o que era motivo não só de vexame para as famílias dos doentes como lhes acarretava um sem-número de aborrecimentos.

"Sou chefe da cozinha há três anos e sempre foi assim: arroz, mandioca, feijão e batata-doce. Antes, há uns nove anos, ainda comíamos peixe e galinha. Isso uma vez por semana ou a cada quinze dias. De uns quatro anos para cá temos tido carne podre, intragável."

"Eu fugi. Depois o departamento começou a ameaçar minha família, disseram que iam prender minha filhinha e aí eu voltei. Era para ficar dez dias na cadeia, por ordem do doutor Salles Gomes, e fiquei sessenta dias. Nesse meio-tempo, o doutor Salles Gomes veio aqui e foi até a cadeia só para me insultar. Disse que eu havia fugido somente por desejos sexuais. Ele enfiou os braços pelas grades e fez um gesto tão obsceno que não posso repeti-lo para a senhora. Foi uma ofensa horrível. Tenho quarenta e seis anos, sou legitimamente casada e não tenho esses desejos. Sempre honrei o nome do meu marido."

Conceição receberia muitas outras informações em primeira mão sobre o que se passava dentro dos sanatórios. Serviram para fundamentar ainda melhor as denúncias de sua campanha. Quem as transmitia era um rapaz de vinte anos que havia conhecido no Padre Bento. Ele acabara de fugir de lá e a procurou escondido na casa dela, na rua Morro Verde, 95, no Pacaembu. Em seguida, passou a telefonar para 36-7952, número de seu escritório. Quando a secretária atendia e perguntava quem queria falar com a presidente da Cruz Vermelha, ele dizia:

— É João, o tapeceiro.

Tratava-se de um codinome. Os dois não podiam se arriscar, pois a Guarda Sanitária estava mais uma vez atrás dele. Havia uma ordem de recaptura do doente 19 532, Edmundo Donato.

10. Fuga e silêncio

Marcos fugiu definitivamente do sanatório Padre Bento no dia 30 de maio de 1945. Passara três anos e sete meses internado. Seus três irmãos agora estavam casados e ele tinha três sobrinhos, que não conhecia. Os pais pareciam mais velhos do que eram. Aos 54 anos, cansado de tanto encadernar livros, Luiz pensava em se aposentar. Marianina, que acabara de completar cinqüenta, era a única pessoa da família que não deixara de freqüentar a igreja presbiteriana da rua Helvétia. O sobrado da alameda Ribeiro da Silva ficara espaçoso com a saída de Mário, Sylvio e Lydia para suas novas casas. Além dos filhos, que aos domingos apareciam com os netos para o almoço, Luiz e Marianina praticamente não recebiam visitas. Até porque eles as evitavam. Os parentes de Campinas e São Paulo não se cansavam de atormentá-los com a mesma pergunta:

— Cadê o Mundinho?

— Viajou — respondiam. E mudavam de assunto.

A mais insistente era Irma, filha do alfaiate Rafael Coscia, o irmão de Marianina que era casado com uma irmã de Luiz. Dois anos mais velha do que Edmundo, ela fora sua amiga de infância. Não se conformava com a ausência do primo, que sempre lhe emprestava livros da biblioteca de Mário e Luiz.

— Tia, quando o Dinho volta?

— Não sei — respondia Marianina, que ela considerava uma mulher arrogante.

Irma estava com 22 anos e ia se casar, mas sentia que a tratavam como criança naquela casa. As explicações para a interminável ausência do primo lhe soavam inconsistentes. Ele permanecia no interior, tratando-se do pulmão, era tudo o que falavam. Mas em que cidade? Que doença era aquela? Tuberculose? Por que não escrevia, não dava notícias? Não viria nem no Natal? Recusavam-se a esclarecer. Imaginava que seria coisa grave. Como saber? Os tios cortavam suas tentativas de diálogo. Os pais juravam que não faziam a menor idéia. E estavam sendo sinceros. Luiz, Marianina, Mário, Sylvio e Lydia não compartilhavam seu trauma com ninguém. Diante das barreiras que se ergueram, Irma desistiu de perguntar. Ao reencontrar Marcos, anos mais tarde, não tocou no assunto. Conversavam, geralmente por telefone, trocavam impressões sobre livros, mas nunca entraram em questões de saúde e muito menos falaram daquele misterioso período. Irma só veio tomar conhecimento da verdadeira história aos 76 anos, quando seu primo morreu.

Com a fuga, o silêncio na família tornou-se absoluto. Edmundo era um homem procurado, como um criminoso perseguido pela polícia. Não podia ficar por muito tempo no lugar mais provável em que poderia se esconder: a casa dos pais. Ainda assim, ele achava que dispunha de alguns dias para pensar e fazer o que havia planejado. Calculava que só por falta de sorte a Guarda Sanitária iria apanhá-lo imediatamente, pois havia centenas de outras ordens de captura a cumprir. Ele estava certo. Naquele ano, 1087 internos fugiriam dos asilos paulistas. Embora não fosse fácil escapar, muitos conseguiam, como mostravam as estatísticas. Os asilos-colônia eram vulneráveis por causa do seu tamanho. Pirapitingüi espalhava-se por seiscentos alqueires — a área de 2075 campos de futebol. Era um pequeno latifúndio. O Padre Bento podia ser muito menor, mas os funcionários não tinham condição de vigiar seus 23 alqueires, o equivalente a oitenta campos de futebol. "Aquilo era grande demais e os guardas não conseguiam tomar conta de tudo", lembraria o antigo interno Luiz Cursi, contemporâneo de Marcos em Santo Ângelo e no Padre Bento. Durante o dia, os doentes circulavam com certa liberdade e à noite davam um jeito de escapar pelas cercas de arame farpado.

— Vou sair — eles diziam uns para os outros quando se preparavam para fugir.

— Quem deu a licença?

— O doutor Mourão.

A brincadeira em código era uma referência aos mourões, as estacas que sustentavam o arame farpado.

Fora dos limites do Padre Bento havia um matagal, difícil de ultrapassar a pé. A saída era ir até a estação de trem, a quinhentos metros de distância. Mas havia um problema. Os funcionários da estrada de ferro tinham instruções para avisar o sanatório se vissem alguém suspeito de ser um fugitivo. Nesse caso, telefonavam para lá e logo eram enviados guardas para recapturá-los. Em certas ocasiões, o próprio Salles Gomes dava uma incerta na estação. Afundava um boné na cabeça, certo de que assim não seria reconhecido, e ficava olhando cada passageiro que embarcava para verificar se, entre eles, não havia algum doente fugitivo.

Marcos já havia decidido que iria para o Rio de Janeiro, como, sem que ele soubesse, havia feito Eurico Hermano Salles Gomes duas décadas antes. Estavam lá vários colegas que também tinham escapado do Padre Bento. Um deles era seu amigo Primo Dall'Olio, com quem combinara dividir um quarto numa pensãozinha barata. Na então capital federal, os hansenianos sentiam-se bem mais seguros. As autoridades sanitárias locais internavam apenas os doentes sem recursos ou em estágio avançado da moléstia.

Esse já não era o caso de Marcos desde que, meses antes, começara a se tratar no sanatório com as novas sulfonas. Composto orgânico com grande ação antibacteriana, a sulfona é o princípio ativo de medicamentos como Promin, Diazone e Formilone, ministrados por via intravenosa ou oral, que se mostraram os mais eficazes no tratamento da hanseníase. Eles provocam a rápida morte do bacilo de Hansen, causador da doença. Desse modo, uma vez iniciado o tratamento, o portador de formas contagiosas, como era o caso de Marcos, deixa de ser transmissor. Marcos curou-se da infecção — ou seja, deixou de ter o bacilo em seu organismo —, embora tenha ficado com graves seqüelas pelo resto da vida. Até morrer, tomaria Promin diariamente. A partir de 1945, o novo medicamento passou a ser ministrado a todos os doentes que viviam nos sanatórios ou se tratavam em consultórios particulares. Eles deixaram de representar qualquer risco para a população sã. Portanto, não havia mais sentido na política de internação compulsória. Salvo episódios isolados em outros estados, só o DPL de Salles Gomes é que insistia em isolar todos os suspeitos e enfermos. Talvez isso mudasse com as denúncias que Conceição da Costa Neves vinha fazendo de forma cada vez mais estridente e que Marcos, antes de partir para o Rio, identificando-se como João, o tapeceiro, iria reforçar.

Uma das conseqüências da campanha de Conceição foram duas revoltas ocorridas em junho daquele ano, logo após a fuga de Marcos. A do asilo de Pirapitingüi, debelada pelo Departamento de Ordem Política e Social, terminou com dois doentes baleados e um morto. A do Padre Bento aconteceu em seguida e redundou na retirada da cerca de arame farpado que existia no parlatório. Salles Gomes não resistiu à guerra travada por Conceição e perdeu o cargo, enquanto ela fundava a Associação Paulista de Assistência ao Doente da Lepra, da qual seria presidente vitalícia, e elegia-se deputada estadual pelo Partido Trabalhista Brasileiro (PTB). Nos 24 anos seguintes, de volta ao consultório e às mesas de cirurgia, ele ficou juntando papéis, obsessivamente, para processá-la. Pretendia entrar com uma ação no dia em que ela perdesse a imunidade parlamentar. Isso só aconteceria em outubro de 1969, quando a Junta Militar que substituía o presidente Costa e Silva cassou o mandato de Conceição, junto com o de outros treze políticos. Para Salles Gomes, no entanto, a punição sofrida pela mulher que se empenhara em derrubá-lo veio tarde demais. Com a memória afetada pela esclerose, ele já não tinha condições de articular um processo.

Mesmo com Salles Gomes fora de cena, São Paulo insistiu na política de internação. Nos demais estados, ela na prática estava em desuso quando, no dia 7 de maio de 1962, com um decreto assinado pelo primeiro-ministro Tancredo Neves no breve período parlamentarista brasileiro, foi oficialmente extinta. O DPL paulista não acatou a determinação. Com a justificativa de que um decreto não revogava uma lei de 1949 ainda em vigor, o departamento manteve sua estrutura e, nos três meses seguintes ao ato de Tancredo, internou cem novos doentes.

Assim foi até 1967, quando o secretário de Saúde do estado, Walter Leser, convocou um antigo colega para dirigir o ainda atuante DPL. Tratava-se do dermatologista carioca Abrão Rotberg, que entre 1934 e 1940 trabalhara no Padre Bento. Na época, como tantos outros colegas, ele defendia o internamento compulsório, mas depois reviu sua posição e tornou-se um opositor de Salles Gomes. Co-autor, com seu colega Luiz Marino Bechelli, do *Compêndio de leprologia*, importante obra de referência cujas fotos técnicas, feitas pelo próprio Rotberg, são de um chocante realismo para os leigos, conquistou prestígio internacional pelas pesquisas que desenvolveu no campo da moléstia. Apesar da rígida proibição do DPL, era um dos médicos de São Paulo que atendiam hansenianos em consultório particular. Conceição chegara a denunciá-lo por escrito ao interventor Fernando Costa, mencionando seu endereço profissional (rua Marconi, 131, no Centro da cidade).

Ao receber o convite de Leser, Rotberg pediu para pensar. Afinal, aos 55 anos, estava com a vida ganha. Filhos criados, aposentara-se do serviço público, lecionava na Escola Paulista de Medicina, tinha muitos pacientes e, nas horas vagas, tocava peças de Bach ao violoncelo, jogava xadrez e cuidava de seus gatos, enquanto a mulher pintava quadros no estilo impressionista. Rotberg acabou aceitando a proposta porque se convenceu de que tinha uma missão histórica a cumprir.

Mal assumiu, Conceição foi procurá-lo na sede do departamento, que passara a funcionar na frente do Hospital das Clínicas, no bairro de Pinheiros. Tinha 58 anos, mas conservava traços da beleza da juventude. Continuava a usar colares exagerados, enormes brincos, grandes anéis. Era a mulher determinada, agressiva e espalhafatosa de sempre. Logo que entrou no gabinete, antes de sentar-se, ergueu o indicador e perguntou sem rodeios:

— Doutor Rotberg, o senhor é a favor ou contra o internamento?

— Sou contra.

— Contra? Estou admirada! O senhor não defendia o isolacionismo?

— No passado, eu tive dúvidas. Mas hoje estou convencido de que o modelo, além de cruel e inútil, é perigoso. Leva os doentes a fugir do tratamento. Portanto, aumenta o risco do contágio.

— E o que o senhor vai fazer?

— Vou acabar com ele.

Dias depois, Rotberg e o secretário Leser foram falar com o governador Roberto de Abreu Sodré e apresentaram a proposta. Sodré concordou. Naquele ano, o isolamento chegou ao fim e o termo "lepra", por decisão de Rotberg, foi oficialmente substituído por "hanseníase". Para milhares de brasileiros, como Edmundo Donato, terminava um pesadelo.

11. Exílio na Lapa

O pesadelo ainda estava presente no cotidiano das vítimas do mal de Hansen em 1945, quando Marcos Rey — era assim que ele agora passava a se apresentar — desembarcou na Estação Dom Pedro II, no Rio de Janeiro. Perto do que enfrentou nos sanatórios, porém, a vida que ele levaria na capital da República pareceria um sonho. No Rio, aos vinte anos, desfrutava o que havia perdido no período que coincidiu com a Segunda Guerra Mundial: a liberdade. Ao olhar para trás, ele se espantou com essa coincidência. Começou a ser perseguido pelo DPL assim que a Alemanha invadiu a Polônia, em 1939. Foi preso — é o termo que registraram em seu prontuário — entre o princípio da ofensiva alemã contra a União Soviética e o ataque japonês a Pearl Harbour, em 1941. Conseguiu a transferência para o Padre Bento às vésperas do início do Holocausto, em 1942, e fugiu de lá doze dias depois da rendição nazista, em 1945. Finalmente, logo após a capitulação japonesa, em setembro daquele ano, partiu para o Rio, onde assistiria de perto, menos de dois meses depois, à queda do Estado Novo.

O mundo voltava a ter paz, o Brasil se redemocratizava e ele julgava-se a salvo dos guardas sanitários. Ou quase. Apesar de não poder mais contagiar outras pessoas, por ignorância e preconceito das autoridades sanitárias um portador da forma virchowiana como ele ainda corria o risco de internamento. Mas essa possibilidade, fora do território paulista, era muito menor. Em 1942, por exemplo, os dois asilos do então Distrito Fede-

MALDIÇÃO E GLÓRIA

ral mantinham 641 enfermos, o equivalente a 4% dos internados no país. Um número pequeno se comparado com o de São Paulo, que concentrava metade dos hansenianos brasileiros em regime de isolamento: 7997 doentes. De mais a mais, no Rio não existiam tantas dificuldades para o tratamento em consultórios particulares. Desde que se pagasse, é claro. E esse passou a ser um de seus três problemas: dinheiro. Os outros dois eram a necessidade de não se expor em demasia, pois sempre havia a possibilidade de alguém descobri-lo, e o mal perfurante dos pés, cuja ulceração pode destruir os tecidos e atingir os ossos. Tal seqüela dificultaria enormemente sua locomoção pelo resto da vida.

Antes de tudo, precisava encontrar um jeito de enfrentar suas novas despesas. Não poderia depender da família. O pai ganhava pouco na oficina. O irmão Mário, que se casara, contribuía para a manutenção dos pais e tinha uma casa para sustentar. Com a ajuda que lhe mandavam, Marcos mal conseguia pagar o médico e os remédios. Trabalhar como empregado seria impossível. Uma lei exigia carteira de saúde entre os documentos indispensáveis para qualquer contratação. Se tentasse tirá-la, em um posto médico, iriam diagnosticar sua doença e, aí sim, ficaria sujeito à internação. O que o salvava, em parte, é que Mário lhe passara uns textos infantis que deveria traduzir para a editora Melhoramentos, entre os quais o clássico *Bambi*, de Walt Disney. Mas a tarefa era complicada. Autodidata a vida inteira, exceto nos anos do curso primário e do ginasial incompleto, ele aprendera inglês praticamente sozinho, no sanatório. Assim, traduzia devagar, consultando a toda hora o dicionário.

Sem contar o tratamento, Marcos tinha que pagar o quartinho que Primo Dall'Olio lhe arranjara para morar. Não eram as acomodações de uma pensão modesta, conforme o prometido pelo ex-companheiro do Padre Bento. Era coisa pior. Como no Rio tudo custava mais caro do que em São Paulo, eles se instalaram em um cortiço que funcionava em cima de um armazém na Lapa, então um bairro barra-pesada junto ao Centro antigo carioca, povoado de prostitutas, marginais, tiras, perigosos botecos e cabarés como Novo México, Brasil, Azteca e Nanci. Marcos dividia o quarto na rua Joaquim Silva com mais dois ex-internos. Havia dificuldades adicionais. Era obrigado a subir escadas, algo penoso para ele, e a bombar água durante quinze minutos na hora de tomar banho. Pela falta de dinheiro, alimentava-se muito mal. Basicamente, sopa e banana. Com o tempo, sentiria tal enjôo com essa fruta que nem podia vê-la pela frente sem ter náuseas.

Apesar de tantos sacrifícios, estava encantado com o Rio. De dia ficava no quarto escrevendo ou ia ler na Biblioteca Nacional. À noite saía com Primo. Adoravam apreciar nas imediações a movimentação da Cinelândia, do Theatro Municipal e do Palácio Monroe, sede do Senado. O que mais o deslumbrava era a efervescência da avenida Rio Branco, na qual se deparou com algo que não imaginava existir no Brasil: mesinhas de bar na calçada, onde casais se beijavam. Na volta para o cortiço, encontravam muitas vezes, na rua da Lapa esquina com a rua Taylor, o lendário Madame Satã, homossexual bom de briga que usava a navalha como arma, temido pela bandidagem e sempre encrencado com a polícia. Marcos arriscava-se a cumprimentá-lo e ele respondia com um sorriso enviesado.

Quando chegava o pagamento das traduções, era uma festa. Ia ao cinema, comia melhor e bebia cerveja nos cabarés. Não demorou a aproximar-se de algumas prostitutas, às quais, vencendo a timidez, contava histórias tiradas da literatura e resumia o enredo de romances famosos. Uma delas, impressionada com as narrativas que ouvia, perguntou se ele não poderia escrever uma carta em seu nome para o gigolô que a havia abandonado. Ele escreveu. Passados uns dias, deparou-se com a moça numa esquina.

MALDIÇÃO E GLÓRIA

— Obrigada, obrigada! — ela gritou. — Meu homem voltou, graças a você.

Fez questão de lhe pagar pelo serviço. Em dinheiro. Marcos, com certo constrangimento, aceitou. Além de remunerá-lo, ela espalhou a notícia pela Lapa. "Daí, outras fizeram o mesmo pedido, o que me obrigou a profissionalizar-me", contaria anos depois. "Claro que não pensava em criar um sindicato de redatores de cartas prostitucionais, mas isso me ajudou a manter-me no Rio e a comprar muitos livros."

Mais do que arranjar um bico, ele começava a construir, com anos de antecedência, um de seus mais interessantes personagens: Mariano, criado em um bordel, o protagonista do romance *Memórias de um gigolô*. Na verdade, embora Mariano fosse calcado na figura do corretor de imóveis Cláudio Corimbaba de Souza, parte de seu perfil e da trama do livro nasceram naquele período vivido na Lapa. A própria saga de Mariano, que parece tão fantasiosa, reflete a experiência tanto de Corimbaba, nome pelo qual o corretor era conhecido, quanto de Marcos:

> Redator de prostíbulos foi com efeito meu primeiro emprego. Raro era o dia em que não escrevia uma carta sob encomenda. Cartas para mãe, irmãos, filhos, parentes distantes, gigolôs e amantes ocasionais. [...]
>
> Em poucos meses tornei-me um correspondente de mãocheia, redação própria, mão firme e especializada em redigir cartas para meretrizes. Foi com incontida vaidade que recebi solicitações de outros bordéis, próximos e distantes. Chegava a ficar com os dedos amortecidos de tanto escrever. Havia fila em nossa sala de visita.

Na vida real, Corimbaba foi nos anos 60 um dos melhores vendedores de apartamentos de São Paulo. Trabalhava em uma imobiliária na rua Marconi, no Centro da cidade, onde dava expediente até o meio da tarde.

— Vou falar com o doutor Feldman — avisava no escritório ao sair, em geral por volta das quatro horas da tarde.

Ou então:

— Tenho um negócio para fechar com o doutor Goldman. Até amanhã.

Todos sabiam. Com vida dupla, ele ia encontrar suas mulheres. Divertia-se inventando o nome dos dois clientes. "Ganhou fortunas em comissões, mas gastou tudo na noite", contaria seu antigo chefe, Noedir Morais Correia. "A única coisa que comprou para ele, por insistência minha, foi uma quitinete." Sem ter feito curso superior, Corimbaba tinha boa cultura geral, gostava de citar frases de Proust e Balzac, que apontava como seus autores preferidos, conhecia de cor uma infinidade de letras de tango, tocava violão e redigia com clareza e certo estilo — fossem cartas comerciais para clientes ou textos sob encomenda das cortesãs da Vila Buarque.

Em um restaurante da região, o Dom Casmurro, na rua Major Sertório, que segundo o crítico gastronômico Saul Galvão preparava o melhor estrogonofe que ele já comeu, Corimbaba narraria suas aventuras para Marcos. Impôs uma condição: como pretendia escrever sua autobiografia, ele teria que esperar dez anos para transformar a história em romance. Findo o prazo, Corimbaba desistiu do projeto e Marcos logo publicou *Memórias de um gigolô*. Como não acreditava nas suas intenções, deixara o livro quase pronto. Só bem depois da morte do companheiro de boemia, em 1974, aos 49 anos, é que ele revelou, discretamente, o nome de sua fonte de inspiração.

Assim como aconteceria com Mariano, vários de seus futuros personagens teriam embriões na Lapa. Foi lá que Marcos percebeu que sua vocação era escrever sobre seres de carne e osso. Anos mais tarde, explicaria ao contista João Antônio, que também fizera parte de seu aprendizado literário e existencial naquele bairro carioca:

No lugar de freqüentar as rodas e panelas, preferi me aproximar da vida, conhecer pugilistas, escritores fracassados, vendedores de maconha, futebolistas, prostitutas, médicos, principalmente operadores, astros de cinema e da televisão, fanáticos religiosos, ex-presidiários, cancerosos, antigos líderes políticos, deputados cassados, jogadores de bridge, cabeleireiras, gente que sofre de mau hálito, senhoras que têm joanetes, impotentes sexuais, anões, jóqueis, Miss Suéter e Miss Corinthians, porteiros de boates, transexuais, loiras autênticas e oxigenadas, rotarianos, sambistas e passistas, guardas de trânsito e gente que não faz coisa alguma.

Ao fim de catorze meses no Rio, em novembro de 1946 Marcos concluiu que era hora de voltar. Não estava bem de saúde, sentia saudades da família e tinha que dar um rumo à sua vida. Apanhou um trem da Central do Brasil e retornou em definitivo para São Paulo. Salles Gomes não dispunha mais de cargo nem de poder para capturá-lo, mas a legislação que previa a internação compulsória dos hansenianos permanecia em vigor. Para um fugitivo como ele, o risco era maior. Marcos estava consciente de que os homens do DPL não haviam desistido da perseguição. Ainda bem que sabia como iria se esconder.

12. A AVE NOTURNA

Luiz e Marianina ficaram assustados quando Mundinho, como continuariam a chamá-lo, voltou para casa. Estava mais magro, abatido e fraco. Seu problema no pé piorara. Deduziram, com razão, que o filho não se cuidava e vinha comendo mal. O que Marcos precisava, de fato, era de tratamento médico e alimentação correta. Por isso, Marianina levou-o ao consultório do dermatologista José Maria Gomes, que passou então a atendê-lo com freqüência. Marcos não esquecera que ele havia impedido que amputassem seu pé no Padre Bento. O médico ensinou Marianina a cuidar do mal perfurante plantar, com uma assepsia à base de éter, e a lhe aplicar injeções na veia se as feridas expostas provocassem febre, receitou doses diárias de Promin e deu instruções precisas: ele deveria ter quarto e banheiro separados, além de seus próprios pratos, talheres, copos, toalhas e guardanapos. Não havia mais risco de contágio, mas vários médicos como ele recomendavam essa cautela porque, no fundo, ainda não confiavam totalmente nos efeitos da medicação.

Marcos demorou a se recuperar. A febre cedia e voltava, baixava e aumentava, deixando-o prostrado. Ficava a maior parte do tempo em repouso no quarto. O que mais fazia era ler horas a fio. Não sentia disposição para escrever. Começou a descobrir outros autores, em sua maioria indicados por Mário — William Saroyan, John Dos Passos, Sinclair Lewis, James Cain, Bruno Traven e Joseph Conrad —, sem falar de suas preferências mais antigas: Ernest Hemingway, Dorothy Parker e John Steinbeck.

Saía pouco, por causa do organismo debilitado. E também para evitar o risco de ser internado novamente.

Logo que melhorou, pôs em prática o plano que bolara no Rio de Janeiro. Virou uma ave noturna. Saltitava de boate em boate, de inferninho em inferninho, na companhia de Mário, que estava separado e patrocinava as noitadas. O irmão mais velho deixara o *Estadão* e trabalhava agora na *Folha da Manhã*. Sentiam-se cada vez mais próximos. Refugiado na madrugada, Marcos bebia uísque com Mário e, como ele, demonstrava boa resistência ao álcool. "Noite é para a gente se esconder", diria sempre, sem explicar do que é que se protegia. Conversavam sobre mulheres — algumas eram regularmente conduzidas à *garçonnière* que Mário mantinha na avenida Duque de Caxias, em Campos Elísios — e as demais paixões que compartilhavam: literatura e jazz.

Quando Marcos voltou do Rio, Mário deu-lhe de presente um álbum de 78 rotações, importado dos Estados Unidos, com o *Concerto em fá*, do compositor americano George Gershwin.

— Faz um ano que ouço essa música todos os dias, Marcos — garantiu Mário, única pessoa da família que o tratava pelo nome literário.

De tanto tocar, os bolachões de doze polegadas se desgastaram. Compraram outro álbum. Em seguida mais um. O pai, obrigado por tabela a escutar a mesma peça dias a fio, ficou transtornado e — crac! — quebrou os discos em pedacinhos.

Nos almoços de domingo, enquanto num canto Mário e Marcos falavam de literatura e cochichavam a respeito de mulheres, Sylvio e Lydia tocavam violão para a família reunida. Sylvio abria o programa com uma transcrição da Sonata ao luar, de Beethoven.

— Agora o *Abismo de rosas* — exigia Luiz, que havia obrigado o filho a decorar a valsa de Américo Jacomino, o Canhoto.

Mal Marianina trazia os pratos para a mesa — suas receitas incluíam talharim, polpetta, brachola, bolinhos de bacalhau, croquetes de carne, peixes e risoto de camarão —, Mário e Marcos, que se chateavam com aquele tipo de repertório, colocavam jazz e músicas americanas na vitrola. Menos o *Concerto em fá*, para que o pai não quebrasse o disco mais uma vez.

Apesar do episódio do disco destruído, Luiz era um homem bem-humorado e um tanto cínico. Detestava os falsos moralistas, principalmente os que via rezando na igreja, tipo bons moços que alardeiam honestidade.

— Perto deles, cuidado com a carteira — dizia para Marcos.

Tinha um lado romântico e irrealista. Em certos domingos, pedia que o caçula o acompanhasse para visitar belos casarões à venda em bairros nobres, como Higienópolis e Pacaembu. Longe do sobradinho alugado em que morava, assumia o papel de comprador de mansões. Como lembraria o filho, sentia enorme prazer em examinar escadas de mármore, percorrer os cômodos, medir o pé-direito, abrir janelas, calcular o tamanho dos móveis que caberiam nas salas. Discutia o preço com os corretores e prometia tomar uma decisão rápida. No dia seguinte, caía em si. "Sonhos dominicais que as segundas-feiras com sua enorme garganta engoliam", escreveria Marcos. "A realidade fria e malvada das segundas-feiras, essa incrível torturadora de fantasias."

Luiz ficava eufórico se o convidavam para comemorações de aniversário, batizado e casamento. Mas, antes de ir, procurava se informar se haveria chope suficiente. "Ciente disso, aí sim, comparecia, efusivo, distribuindo abraços e erguendo brindes", contaria Marcos. "E ao ouvir o apito característico do último barril, então saía. Costumava dizer que era falta de educação abandonar uma festa enquanto houvesse o que beber." Em 1947, com problemas de saúde, soube que teria que largar a bebida e o cigarro. "Agiu rápido: fez amizade com o médico, que suspendeu a proibição. A morte, que adora pactos e conchavos, deve ter simpatizado com o velho. Viveria mais 25 anos sem abandonar vícios e projetos."

Marcos herdou várias dessas características do pai. Como ele, sonhava alto, desprezava os moralistas, cultivava a ironia, dificilmente ficava de mau humor, nunca deixou de tomar uísque e parou de fumar apenas no final da vida, embora desse suas filadas nas reuniões da Academia Paulista de Letras sem que a mulher soubesse. O orgulho de Luiz, porém, era Mário. Essa foi uma das raras coisas em que concordava inteiramente com a mulher. "O meu Mário." O elegante. O sedutor. O homem que conhecia figurões e era bem recebido em qualquer lugar. O jornalista paparicado. O escritor que, em 1948, alcançaria um sucesso tremendo com a publicação do romance *Presença de Anita* — e provocaria um escândalo de igual tamanho.

— O que minhas irmãs vão falar desse livro? O que vão dizer na igreja? — afligiu-se Marianina.

— Bobagem — respondeu Luiz. — É apenas a história de uma pobre moça.

Não foi o que pensaram os tais moralistas com os quais Luiz implicava. Em Campinas, cidade natal do autor e de seus pais, houve uma "marcha contra a imoralidade". E mais uma na capital, organizada por uma organização denominada Senhoras Cristãs. Queriam a proibição daquela imundície. O caso chegou às mãos do cardeal arcebispo de São Paulo, dom Carlos Carmelo de Vasconcelos Motta. Nos anos 30, quando era bispo auxiliar de Diamantina, ele mandara colocar no portão de entrada do asilo Santa Isabel, o maior sanatório para hansenianos de Minas Gerais, uma inscrição em latim: "*Hic manebimus optime*", aqui ficaremos muito bem. Apesar dos apelos das Senhoras Cristãs, o cardeal mostrou-se contrário ao pedido de censura. Achava que se insistissem nisso as vendas iriam estourar mais ainda. E estouraram, mesmo sem a pretendida proibição. O livro foi o best-seller da época. Vendeu 50 mil cópias em nove edições consecutivas. Estudantes se cotizavam para comprar e ler escondido a narrativa da jovem que se torna amante de um homem muito mais velho. (Antes que alguém acuse Mário de plágio: Vladimir Nabokov lançaria *Lolita* em 1955, ou seja, sete anos depois.) Diante dessas reações, a editora José Olympio colocou uma cinta em cada exemplar, com o aviso de que se tratava de "leitura para adultos".

Mário ainda saboreava as repercussões de seu romance de estréia quando, no ano seguinte, foi convidado para ser o diretor artístico da Rádio Excelsior, PRG 9, que funcionava na rua 24 de Maio, 208, 13º andar, no Centro da cidade. Por uma coincidência, a emissora dos 1100 KHz pertencera à Cúria Metropolitana do cardeal Motta, que acabara de vendê-la ao grupo Folha da Manhã, na ocasião presidido pelo empresário José Nabantino Ramos. Mal de audiência, muito atrás das líderes Tupi, Record e Bandeirantes, já não justificava seu slogan — "O maior auditório do Brasil: uma poltrona em cada lar" — e clamava por uma reformulação radical para reconquistar os ouvintes.

Foi o que Mário fez. Disposto a arejá-la e a tirar o ranço de sua programação, ele baixou três determinações ao assumir: os cantores não deveriam "cantar para dentro", mas soltar a voz; os radioatores das novelas ficavam proibidos de "interpretar com voz comprida e chorosa"; e os redatores dos programas não poderiam "fazer subliteratura". Se os cantores e atores aos poucos se adaptaram às novas instruções, os redatores teimavam em não largar o vício dos pedantismos e clichês. Mário entendeu que a solução seria substituí-los por gente mais arejada. Para uma das vagas, chamou o irmão caçula. Deu-lhe assim não só o primeiro emprego da vida como a oportunidade de penetrar em um mundo para ele desconhecido e fascinante, no qual encontraria a matéria-prima de contos e romances.

13. No reinado do rádio

Logo que começou a trabalhar como redator da Rádio Excelsior, Marcos teve necessidade de ir atrás de seu certificado de isenção do serviço militar para ser registrado na empresa. Comprovou então que poderiam recapturá-lo a qualquer momento, pois a perseguição aos portadores da hanseníase não terminara. Ele estava outra vez diante de uma situação perigosa. Como os doentes eram legalmente dispensados do alistamento, o DPL enviava listas com seus nomes às juntas de recrutamento, que de posse delas emitiam as certidões. Marcos foi à 4ª Circunscrição de Recrutamento (CR) e requereu o documento. Iniciou-se aí uma odisséia burocrática. A CR mandou um ofício para o DPL com o encaminhamento do pedido. Ao examiná-lo, seu novo diretor, José de Alcântara Madeira, deu um despacho negativo: "Não pode ser fornecido atestado de vez que é fugitivo". No mesmo dia, a procuradoria do DPL comunicou à CR que indeferiria a solicitação e aproveitou para informar: "Aliás, esse doente vem sendo procurado por este serviço, que ordenou sua detenção, onde seja encontrado, para reinternação em leprosário". Marcos, sem vislumbrar nenhuma solução em São Paulo, recorreu à agora deputada estadual Conceição da Costa Neves, que por caminhos transversos obteve na junta de Duque de Caxias, na baixada Fluminense, um certificado de isenção "por incapacidade física" em nome de Edmundo Donato.

Transcorridos dez anos da primeira aparição da ambulância negra na porta de sua casa, ele ainda era um homem acuado.

Só ganhou seu salvo-conduto definitivo — que afastava a ameaça de internação — no dia 13 de outubro de 1950, quando finalmente recebeu um papel assinado pelo mesmo Alcântara Madeira, que carregaria por muitos anos no bolso:

> Declaro, para os devidos fins, que o sr. Edmundo Donato, com 24 anos de idade [25, na verdade], de cor branca, de nacionalidade brasileira, solteiro, é fichado neste departamento sob o número 19 532, como portador do mal de Hansen, desde 26.10.1941, e acha-se em tratamento de ambulatório sob controle deste DPL, podendo, portanto, locomover-se livremente.

Por um longo tempo, em função disso, ele omitiu sua identidade original. Era Marcos Rey, simplesmente. Não se tratava da atitude de um escritor recluso com horror a fotos e entrevistas, como seriam o americano J. D. Salinger ou o paranaense Dalton Trevisan, muito menos de misantropia, mas do cuidado mínimo que um procurado como ele era obrigado a tomar. De certa forma, vivia a situação que retrataria em um de seus últimos livros, a novela *O último mamífero do Martinelli*, que conta a história de um perseguido político que se refugia no arranha-céu em reforma do Centro de São Paulo. Em junho de 1952, quando ele já tinha 27 anos e ganhara alguma fama com os programas que escrevia para o rádio, o jornal *Correio Paulistano* publicou uma reportagem a seu respeito. "Mas quem é Marcos Rey?", perguntava o repórter Luiz Giovannini. "Sob este pseudônimo esconde-se um jovem de talento, que não pretende revelar seu verdadeiro nome."

Apesar do risco, ele e Mário divertiam-se trocando confetes pela imprensa. Afinal, por causa do pseudônimo, ninguém sabia que eram irmãos. Numa entrevista à *Folha da Manhã*, em 1949, Mário Donato rasgou seda sem constrangimento, omitindo o parentesco: "Esse rapazinho, que tem assinado contos, crônicas e reportagens, vai escrever as peças do programa *A Família Pacheco*. Um escritor moço e de talento, com a compreensão nítida do que o rádio representa para o grande público". Para o mesmo jornal, com o qual colaborava, Marcos entrevistou o radioator Paulo Massenet, conhecido por sua participação em novelas, de quem arrancou esta declaração a respeito de Mário: "É a maior expressão literária dentro e fora do rádio".

Mário, entretanto, não exagerava nas palavras. Em pouco tempo, Marcos assimilou a linguagem do veículo. A série *A Família Pacheco*, descrita nos anúncios como a comédia de "um lar tipicamente brasileiro em plena Idade Atômica", foi seu primeiro sucesso. Um dos papéis era interpretado pelo ator Tito Fleury, marido de Cacilda Becker, atriz que brilhava como a nova sensação do teatro nacional. Ia ao ar às terças, quintas e domingos às 18h05, assim que Pedro Geraldo Costa terminava com um "amém" a popular *Ave Maria*, programa religioso remanescente do tempo em que a rádio era propriedade da Cúria e que o ajudou a ganhar uma cadeira na Assembléia Legislativa do estado. Ao lado de *A Família Pacheco*, Marcos escrevia o *Rádio Romance Dominical*, o folhetim semanal *A Mulher Fantasma* e as novelas diárias *Caminhos da Metrópole*, patrocinada pelos cigarros Everest e Baião, e *Estrada para o Pecado*, sob os auspícios dos Calçados Itatiaia. Era uma trabalheira danada, o que ajudava a explicar a impressão que seu colega gaúcho Carlos de Freitas tinha dele: "Um rapaz magricela, pálido, de olhar vagamente tristonho".

Na Excelsior, Marcos quase perdeu o emprego por causa de uma bobagem que fez. A história é engraçada. Ele não se cansaria de contá-la para os amigos e a narrou com graça no ensaio inédito *Os homens do futuro*:

> Eu, o maestro Spartaco Rossi e o programador Ricardo Macedo éramos julgadores de um concurso de conjuntos musicais, realizado aos domingos. Na noite da finalíssima, Ricardo Macedo, adoentado, não pôde comparecer. Eu e o

maestro encerramo-nos na sala da diretoria, concentrados e responsáveis. Antes que o programa chegasse ao primeiro terço, procurei por cigarro. O maço acabara e o maestro não fumava. Como não pretendia discordar de Spartaco na escolha final, apanhei o elevador e fui ao bar da esquina. Já havia comprado os cigarros, quando alguém me colocou na mão um copo de cerveja. Estava calor. Acabamos tomando duas, eu e o amigo inesperado. Voltei à emissora já no final do programa. Ao entrar na sala ouvi algo que me assombrou: um ronco que parecia o de um avião de pequeno porte. O maestro dormia. O rádio, no último ponto. Mas ele dormia. Acordou quando me sentei, assustado, a seu lado.

— Qual é o melhor, na sua opinião? — perguntou.

— O número três — respondi, sem contar que acabara de voltar da rua.

— De acordo. Vamos votar no número três.

Logo em seguida, entrava na sala o boy que vinha buscar os votos. Continuamos sentados à espera de que o apresentador do programa, Walter Ribeiro dos Santos, anunciasse o número e o nome do conjunto vencedor. Spartaco estava calmo, mas eu não, lembrando que ouvira apenas uma parte da finalíssima. Esses momentos de expectativa foram longos. O anunciador vacilava e, quando falou, gaguejava. Ouviu-se então a mais estrepitosa de todas as vaias. O comercial foi posto precipitadamente no ar e num instante, vestindo smoking e enxugando com um lenço o suor da testa, Walter empurrava a porta da sala.

— O que vocês fizeram? Votaram num dos piores!

Eu não respondi nada, mas o maestro, com sua autoridade de quem compusera "A canção do expedicionário", contra-atacou dignamente:

— Vocês nada entendem de música! Imbecis!

— Não querem retificar? Posso dar uma explicação ao auditório.

— Não precisa dar explicação alguma.

Walter Ribeiro dos Santos voltou ao palco para encerrar o programa. Ouvíamos agora as vaias através das janelas do auditório. Então ele reapareceu, não mais irritado, mas lívido e trêmulo.

— Por favor, não saiam da sala — pediu. — Há perigo de linchamento!

Era exagero. Três horas depois, eu e Spartaco Rossi saíamos da sala da diretoria sem nenhum risco. E apenas por mera coincidência jamais fomos novamente convidados para julgadores de concursos musicais.

Mesmo com esse incidente e com a pesada carga horária, por enquanto Marcos não se queixava. Sabia que, além de ganhar a vida, estava armazenando na memória temas, histórias e personagens para futuros vôos literários. O conto "O locutor da madrugada" (1978) e os romances *Café na cama* e *Ópera de sabão*, por exemplo, nasceram dessa sua experiência, que prosseguiu na Rádio Nacional de São Paulo (a Nacional e a Excelsior pertenciam ao mesmo grupo). Marcos encantava-se, acima de tudo, com as novelas radiofônicas.

O rádio incrementava a imaginação do ouvinte e permitia-lhe idealizar com perfeição os mais desejáveis espécimes humanos. Havia naturalmente a mocinha ou ingênua, que abusava dos efeitos respiratórios sincopados, o galã, bom moço, desses que abrem crédito na hora em qualquer superloja, a moça má, invejosa ou vamp, o vilão, com seu cartel de velhacarias exposto aos olhos de todos, e por último a inequívoca personalidade do galã frívolo, sem periculosidade, que só entrava na história para perder a parada para o mocinho.

Tudo isso, lamentava Marcos com nostalgia, em breve desapareceria com o surgimento da TV.

Basta um simples olhar ao passado para constatar que nada, absolutamente nada, restou de milhões de páginas escritas para o rádio. Os bons e os maus programas tiveram o mesmo destino, o esquecimento. Poucos novelistas de rádio repetiram seus êxitos no vídeo. A maior parte dos atores ficou encostada. O galã calvo e aquele de voz redonda que media 1,50 metro não puderam enfrentar as câmeras. A heroína de voz doce e macia não conseguia emagrecer os vinte quilos que a televisão exigia. O galã frívolo foi tentar a sorte no circo.

O que o incomodava no rádio, como aconteceria na TV, era sentir-se entre dois fogos. Ele percebia dentro dos estúdios uma grande prevenção contra os escritores. "Isso é coisa de escritor, que vive fora da realidade", ouvia quando algo dava errado. Em compensação, no meio literário em que tentava entrar havia o preconceito inverso. Rádio, diziam, não passava de uma coisa menor. "Escritor que ambicionasse fazer carreira, angariar respeito, nem pensava em rádio como meio de vida", afirmaria. "Eu estava sempre no meio, em choque com essas duas tendências."

Marcos temia acima de tudo os comentários, "gozativos ou azedos", publicados em *O Estado de S. Paulo* pelo crítico Luís Martins, a quem via como intérprete da "opinião dos intelectuais e da burguesia sobre o rádio". Luís era um jornalista carioca de prestígio, que depois de viver dezoito anos com a pintora Tarsila do Amaral casou-se com uma das primas dela, a escritora Anna Maria Martins. Bem mais tarde, ao conviver com Luís e Anna Maria na Academia Paulista de Letras ou em reuniões no apartamento do casal, na rua Oscar Freire, no bairro de Pinheiros, Marcos iria constatar que na época cometera um erro de postura. "Nos meus primeiros programas não via o público diante de mim, mas Luís Martins", diria. "E procurei imaginar o que ele escreveria, para o rádio, que escapasse à sua própria condenação."

Ainda assim, achou que poderia haver uma saída. Naquele momento, entre o fim dos anos 40 e o início dos 50, São Paulo vivia um dos períodos de maior efervescência cultural de sua história. Quase em seqüência, foram criados o Teatro Brasileiro de Comédia (TBC), a Companhia Cinematográfica Vera Cruz, o Museu de Arte Moderna (MAM), a Bienal Internacional de Arte e o Museu de Arte de São Paulo (MASP). No dia 18 de setembro de 1950, o empresário e jornalista Assis Chateaubriand, dono dos Diários Associados, então o maior império brasileiro de comunicação, pôs no ar a TV Tupi, primeira emissora de televisão do país. Simultaneamente, na região central, abriam-se novas casas noturnas, bares e restaurantes. Nesses cenários, brilhava uma galeria eclética de diretores, produtores, atores, artistas, escritores, críticos, jornalistas, músicos e cantores.

Disso tudo, o que mais interessava a Marcos eram as novidades da noite, o TBC e a Livraria Teixeira, na rua Marconi, onde ia conhecer personalidades da literatura nas tardes de autógrafo e comprar os livros de Hemingway, Faulkner, Huxley e Malraux lançados pela Coleção Nobel, da Editora Globo, de Porto Alegre. De repente, enquanto circulavam por ali, deu um estalo em Mário: será que dessa efervescência toda não sairia um belo programa de rádio? Depois que o irmão lhe contou o que tinha em mente, Marcos vibrou. O assunto exigia sua imediata presença no Nick Bar.

14. NESTE BAR PEQUENINO

O Nick Bar foi aberto no dia 19 de dezembro de 1949 como um apêndice do Teatro Brasileiro de Comédia, fundado um ano antes na rua Major Diogo, no bairro italiano do Bixiga. Eram separados por uma porta. Criação do industrial italiano Franco Zampari, que logo depois teria a ousadia de montar em São Bernardo do Campo, no ABC paulista, a Companhia Cinematográfica Vera Cruz, com a pretensão de transformá-la na Hollywood brasileira, o TBC revolucionou os palcos de São Paulo. Reunia os melhores atores de uma excepcional geração teatral. Eram nomes como Cacilda Becker, Sérgio Cardoso, Tônia Carrero, Paulo Autran, Fernanda Montenegro, Jardel Filho, Nathalia Timberg, Walmor Chagas, Tereza Rachel, Italo Rossi, Jaime Barcelos, Nydia Lícia... Uma constelação. Os diretores eram quase todos europeus: o polonês Ziembinski, o francês Maurice Vaneau e os italianos Adolfo Celi, Luciano Salce, Ruggero Jacobbi, Flaminio Bollini Cerri, Alberto D'Aversa e Gianni Ratto. Vários desses atores e diretores trabalhariam simultaneamente na Vera Cruz. O repertório da companhia incluía alguns dos mais importantes autores estrangeiros do século XX, entre os quais o italiano Luigi Pirandello, o francês Jean-Paul Sartre e os americanos Tennessee Williams, Arthur Miller e William Saroyan, cuja peça *The time of your life*, traduzida como *Nick Bar: álcool, brinquedos e ambições* (direção de Adolfo Celi, com Cacilda Becker e Abílio Pereira de Almeida no numeroso elenco), batizou a casa anexa.

Casa é maneira de dizer. Para Marcos, o Nick Bar parecia "pouco maior do que o lençol de uma cama de casal". A idéia inicial era que servisse refeições para os atores e bebidas para os espectadores no intervalo das peças. Não demorou para que uns e outros dessem uma esticada ao final das sessões. Nas suas quinze mesas, os atores assinavam contratos e namoravam. Sérgio Cardoso e Nydia Lícia casaram-se ali.[*] O bar virou em pouco tempo o centro da badalação intelectual de São Paulo. Ganhou vida própria e seu movimento não dependia mais do êxito da montagem em cartaz. Abria às sete horas da noite e fechava com o último freguês, perto do amanhecer. "Sair do Nick Bar antes das cinco da manhã era sintoma de desinteresse pela arte e cultura ou então lamentável falta de preparo físico", dizia Marcos.

Seu dono era o produtor teatral Joseph Kantor, o Joe. Embora todos achassem que fosse americano, Joe nascera na Rússia, em uma família judaica, e viera com os pais para o Brasil quando estourou a Primeira Guerra Mundial. Depois de alguns anos a família mudou-se para os Estados Unidos. Na Segunda Guerra, ele alistou-se na marinha americana, embarcou no destróier *USS Otterstetter* e participou de missões no Atlântico e no Pacífico. Terminado o conflito, resolveu vir morar em São Paulo, onde conheceu Zampari, que lhe ofereceu condições vantajosas para explorar, como concessionário, o bar do TBC. Bom de conversa, Joe virou amigo de infância dos atores e começou a cultivar a clientela circulando de mesa em mesa para saber se estavam sendo bem atendidos. De alguns cobrava a conta, de outros não. Na pequena cozinha, preparava pato assado com purê de batata e picadinho de filé mignon com arroz, farofa e ovo pochê, além de um célebre sanduíche de galinha, que aliás Joe jamais provou. Ele detesta-

---

* Lúcia Helena Gama, *Nos bares da vida: produção cultural e sociabilidade em São Paulo, 1940-1950*, 1998.

va galinha. Bebia-se cerveja e uísque, sobretudo Johnny Walker e White Horse.

A trilha sonora ficava a cargo de Enrico Simonetti. Recém-chegado da Itália, com uma breve passagem pela boate do hotel Excelsior, na avenida Ipiranga, ele incorporou ao repertório uma série de músicas brasileiras. Simonetti, que mais tarde formaria sua própria orquestra, às vezes revezava-se no piano de cauda Hofman com o cantor e também pianista Dick Farney, nome artístico do carioca Farnésio Dutra e Silva, irmão mais velho do ator Cyll Farney, galã das chanchadas cinematográficas da Atlântida, no Rio de Janeiro. Em dezembro de 1951, Dick lançou um dos sucessos de sua carreira, o samba-canção "Nick Bar", de José Vasconcelos e Garoto. Na gravação original, havia um diálogo falado na introdução:

— Boa noite!
— Boa noite!
— Ué, sozinho hoje?
— Estou. E queria aquela mesa perto do piano.
— Pois não.
— Maestro!

E iniciavam-se os doze versos que se tornariam o hino do bar:

Foi neste bar pequenino
Onde encontrei meu amor
Noites e noites sozinho
Vivo curtindo uma dor.
Todas as juras sentidas
Que o coração já guardou
Hoje são coisas perdidas
Que o eco ouviu e calou.
Você partiu e me deixou
Não sei viver sem teu olhar
E o que encontrei só me lembrou
Nossos encontros no Nick Bar.

Atores, artistas, críticos, jornalistas, políticos — até Jânio Quadros e Adhemar de Barros volta e meia apareciam —, empresários, socialites, boêmios e a grande burguesia de São Paulo que gostava de teatro iam ao Nick para circular, ver e ser vistos. Além de beber, é claro. A lista de freqüentadores assíduos não parava de crescer. Dela faziam parte o pintor Di Cavalcanti, que vendeu para o dono do bar a preço de banana uma ótima tela de uma mulata adormecida — em 2003, quando Joe completou noventa anos,[*] o quadro ainda estava na sala de sua cobertura na esquina das alamedas Casa Branca e Jaú, no bairro dos Jardins; os irmãos jornalistas Luiz Carlos Mesquita, o Carlão, Júlio de Mesquita Neto e Ruy Mesquita, herdeiros do *Estadão*, a cantora Maysa Monjardim e o futuro marido, o industrial André Matarazzo, o jornalista Samuel Wainer e sua mulher, Danuza Leão, quando vinham a São Paulo, o diretor do MASP, Pietro Maria Bardi, os críticos Decio de Almeida Prado e Paulo Emílio Salles Gomes, Assis Chateaubriand... De passagem pela cidade, foram conhecer o Nick Bar, entre vários artistas estrangeiros, o maestro Leonard Bernstein, o ator Vittorio Gasmann e os cantores Charles Trenet, Nat King Cole e Edith Piaf. Os que não iam de táxi, a pé ou de carona, paravam o carro na rua. Não existiam manobristas em São Paulo.

Para Marcos, que batia ponto no bar ao lado de Mário, estar lá dentro a cada madrugada, até seu fechamento em 1955, era um exercício existencialista. Ele definia o existencialismo como uma "corrente de pensamento que, além de estar na moda, a ela se aderia facilmente, bastando chamar o garçom". Em um texto que escreveu como posfácio para uma nova tradução de *Huis-Clos*, de Sartre, publicada pela revista *Leitura* em 1985, explicou melhor:

---

[*] Joseph Kantor morreu um ano depois, em abril de 2004.

Ser existencialista para nós significava, antes de tudo, não ser comunista sem ter pelos comunistas a aversão dos fascistas. Os comunistas eram chatos e por muitas vezes nos arrastavam para reuniões que de sedutor ofereciam apenas a clandestinidade. Entrar e sair dessas reuniões tinha o perigoso da aventura, mas o meio, quase sempre um monólogo que já incluía respostas a todas as perguntas, lembrava a mim, de formação presbiteriana, as cacetíssimas aulas da Escola Dominical.

Não sendo religiosos nem comunistas, decisão inapelável num cara ou coroa, tínhamos de ser alguma coisa. O existencialismo parecia-nos a alternativa mais próxima da mão, embora poucos do grupo já tivessem ouvido falar em Kierkegaard, Heidegger e Jaspers. O existencialismo, entendido, ou meramente consumido com os sanduíches do Nick, era uma filosofia de uso noturno muito adequada aos que não se afligiam com as grandes angústias coletivas.

Sua face mais exposta era o individualismo, embora não o do salve-se-quem-puder, não o dos náufragos, mas o dos que faziam um esforço incrível para não parecer individualistas. Em todo caso, era uma resposta ou atitude contra todos os ismos políticos, a um dos quais, o comunismo, o próprio Sartre sucumbiria depois, temporariamente. Mas nisso Sartre era um escritor como todos os grandes escritores, mais preocupados com a humanidade que com seu destino.

Foram as qualidades do escritor e do teatrólogo Sartre que fizeram dele um ídolo para o grupo do Nick. Aliás, era ídolo para os jovens de parte do mundo. Existencialistas ou não, o que reclamavam era a liberdade para novas opções. E entre essas não constava nenhuma em que o heroísmo fosse base ou condição. Nascia com Sartre a simpatia e compreensão ao anti-herói, personagem maldito da velha ficção, a que depressa se rendeu culto. Aí, sim, tudo ficava mais claro: entre um uísque e outro, éramos anti-heróis e primos de Chiquita Bacana, que só fazia o que mandava seu coração.

Oh, saudosos anos 50! A última década romântica do século. Ainda ouço o piano de Enrico Simonetti, e quando ele morreu, na Itália, fiz um minuto de silêncio enquanto voltava à boca a delícia quente daqueles sanduíches de galinha do Nick. Pena que, diante da notícia, não tive com quem comentar porque o grupo se desfez muito antes que o Nick Bar fechasse. Nos seus últimos anos, o bar foi invadido por bárbaros, e Enrico e Joe Kantor desapareceram, juntamente com sua famosa e inteligente clientela.

Mas, naquela noite de 1950, o que levou Marcos mais uma vez ao Nick Bar era um motivo nada filosófico. Ele foi convidar os atores do TBC para participar do programa que Mário ia lançar na Rádio Excelsior: o Grande Teatro Duchen, patrocinado pela marca de biscoitos homônima. Transmitido nas noites de segunda-feira, dia de folga da companhia, apresentaria adaptações de textos contemporâneos, como *A pérola*, de John Steinbeck, e *Liza de Lamberth*, de Somerset Maugham. Marcos ofereceu o cachê de 1500 cruzeiros para cada um. Houve quem arregalasse os olhos. Em média, os atores do TBC ganhavam 10 mil cruzeiros mensais, o equivalente a 26 salários mínimos da época. Portanto, em quatro programas de uma hora cada um, receberiam mais da metade do que Franco Zampari lhes pagava por mês. Sérgio Cardoso, Ziembinski e Jaime Barcelos, entre outros, aceitaram. Cacilda Becker achou pouco. Estrela, exigiu 2500 cruzeiros. Mário negociou com o patrocinador e deu-lhe o que ela queria.

Cada programa, porém, era um sofrimento. Segundo Marcos, Cacilda se negava a acatar os cortes que ele fazia nos textos para adequá-los aos sessenta minutos da transmissão.[*] Além do mais, alegava compromissos artísticos para não interpretar ao vivo. Preferia gravar, o que, com a precariedade dos equipamentos da emissora, provocava distorções no som. Apesar desses problemas, o Grande Teatro Duchen manteve-se na programação por alguns meses, durante os quais um dos grandes prazeres de Marcos era ser paparicado pelos atores no Nick Bar. Ainda

---

[*] Luís André do Prado, *Cacilda Becker: fúria santa*, 2002.

que fizessem coro com os intelectuais ao esnobar o rádio, que consideravam um veículo menor e popularesco, eles não hesitaram diante dos cachês pagos pela Excelsior.

Ainda por cima, Marcos achava um privilégio sentar-se à mesa com mulheres tão bonitas como Tônia Carrero, já quase balzaquiana, como se falava, e a jovem Maria Della Costa, que também vivia por lá. Se os atores torciam o nariz para os microfones, pior para eles. O sentimento era recíproco. Em relação ao rádio e ao teatro, ele adotou a mesma postura que teria com a publicidade, a televisão e o cinema: entregava-se ao trabalho com o maior profissionalismo, mas sabia que fazia isso para ganhar dinheiro enquanto não encontrava tempo para terminar seu romance de estréia.

1. *O interno Edmundo Donato,
aos dezessete anos, em 1942,
na pérgula do Sanatório Padre Bento,
onde recebia visitas da família*

2. De tênis, com os pais, no Guarujá (SP), por volta de 1946, ao voltar dos catorze anos de exílio carioca

3. Concheto Hyppolito, contemporâneo de Edmundo no Padre Bento e um dos atores de sua peça Eva

4. Dr. Francisco Salles Gomes Júnior (de touca), em 1924, com colegas médicos

5, 6 e 7. Correspondência do médico Henrique de Mattos, da Secretaria de Educação e Saúde Pública, comunicando ao diretor do então Serviço de Profilaxia da Lepra, Nelson de Souza Campos, a frustrada tentativa de capturar o menor Edmundo Donato em 1939. Eles só conseguiriam prendê-lo dois anos depois, conforme registram os guardas sanitários W. Borba e Paulo Nunes no mesmo documento. Abaixo, o prontuário de Edmundo

8 e 9. *Conceição da Costa Neves na Assembléia Legislativa de São Paulo, onde exerceu seis mandatos de deputada estadual (1947-69). Escandalosa, briguenta e teatral, ela denunciou as condições em que os hansenianos viviam nos sanatórios, combateu a política de internação compulsória e provocou a queda de Salles Gomes depois de duas revoltas nos asilos. A do Padre Bento, da qual ela participou (de vestido escuro, na foto abaixo), aconteceu em junho de 1945, logo após Edmundo ter fugido definitivamente de lá*

10, 11 e 12. Benedito Bastos Barreto, o Belmonte, que nos anos 30 e 40 foi o mais famoso ilustrador da imprensa paulista, e sua principal criação, o personagem Juca Pato. Marcos Rey nunca chegou a encontrá-lo, mas Belmonte marcou o início e um dos últimos momentos de sua vida literária. Por iniciativa de Marcos, a União Brasileira de Escritores criou o Troféu Juca Pato, que ele receberia em 10 de outubro de 1996, depois de ganhar a eleição de Darcy Ribeiro

"Juca Pato" é de Marcos Rey

Realizou-se na Academia Paulista de Letras a entrega do troféu Juca Pato ao escritor Marcos Rey, vencedor do concurso O Intelectual do Ano, promovido pela UBE e *Folha de S. Paulo*. Em eleição de âmbito nacional, obteve 330 votos contra 233 dados a Darcy Ribeiro. Publicamos nesta edição os discursos proferidos por Fábio Lucas, presidente da UBE, Bernardo Ajzenberg, da *Folha de S. Paulo*, e do laureado Marcos Rey.

João de Scantimburgo, representando Rachel de Queiroz, entrega o troféu Juca Pato a Marcos Rey em ato presidido por Fábio Lucas.

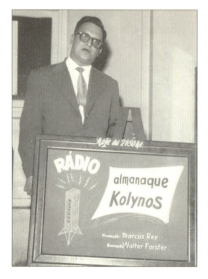

13, 14 e 15. *Anos dourados: redator da agência Norton e roteirista de rádio na década de 50. Na mesma década, Marcos estreou na TV e conheceu a professora Sônia Letayf, uma das raras pessoas que descobriram seu grande segredo e cuja foto ele conservou pela vida afora*

16, 17 e 18. *Retratos de família: o escritor Mário Donato, irmão mais velho, mestre, ídolo e cúmplice, no bar do Clubinho; a mãe, Marianina, em seus últimos anos de vida; e com o pai, o encadernador de livros Luiz Donato, em um dos alegres almoços dominicais na casa da alameda Ribeiro da Silva, na região central de São Paulo*

19. Com Palma, no parque da Luz, em 1959, quando Marcos venceu a resistência dela, e os dois começaram a namorar. Ele ainda usava roupas de tamanho grande e sapatos não adaptados que, por causa de seu terrível problema nos pés, ficavam com os bicos deselegantemente entortados

20, 21 e 22. *Personagens de suas memórias, a partir da esquerda, no sentido horário: o escritor Sérgio Milliet, ocupante cativo da mesa 5 do Paribar; o romancista americano William Faulkner (com lenço no paletó) durante sua visita à capital paulista em 1954, entre uma ressaca e outra; e, no mesmo ano, o modernista Oswald de Andrade, com quem Marcos tentou fazer um livro que se chamaria* Um antropófago de Cadillac

 23 a 29. O romance Memórias de um gigolô (*1968*), foi também editado na Finlândia, nos Estados Unidos, na Alemanha, na Espanha e na Argentina, além do Canadá. Sua deliciosa história baseia-se em parte na vida galante do corretor de imóveis Cláudio Corimbaba de Souza, que, como o personagem Mariano e o próprio Marcos, chegou a ganhar a vida redigindo cartas para prostitutas

30, 31 e 32. *Três trabalhos para a TV Globo: a novela* A Moreninha (*1975-6*), *que o levou a atritos com a emissora; a série infantil* O Sítio do Picapau Amarelo (*1978-85*); *e a minissérie* Memórias de um gigolô (*1985*), *estrelada por Bruna Lombardi e Ney Latorraca*

33, 34 e 35. *Marcos foi o mais prolífico e requisitado roteirista das pornochanchadas brasileiras. Escreveu 32 roteiros, entre eles os dos filmes* As cangaceiras eróticas *(1974) e* A noite das fêmeas *(1975), com Hélio Souto e Liza Vieira.* Ainda agarro esta vizinha *(1974) é uma adaptação de uma peça de Marcos,* Living e w.c., *feita por Oduvaldo Vianna Filho e Armando Costa. Marcos reconheceria seu texto na peça* Allegro desbum *e denunciaria o plágio numa carta a Vianna*

36. *Marcos entre o diretor Ody Fraga e a atriz Maria Viana, no bar-restaurante Soberano. À esquerda, os técnicos conhecidos como Podre e Gonzaga*

37. *"Fui nada mais nada menos que o rei da pornochanchada. Este mesmo senhor, de cabelos brancos, que vos fala. Quem quisesse encontrar-me no meio dos anos 70 bastaria passar pela rua do Triunfo e facilmente me localizaria no bar-restaurante Soberano, tomando café em cálice. Eu e o Soberano éramos figuras referenciais no quarteirão."* (De uma crônica que escreveu para Veja São Paulo, *dois anos antes de morrer, assumindo de vez trabalhos como o roteiro de* O inseto do amor).

38 e 39. *Ao lado de Palma, que durante 39 anos de vida conjugal não ficou mais do que algumas horas longe dele, e na Academia Paulista de Letras, onde a partir de 1987 ocupou a cadeira 17 e em cujo saguão seria velado oito anos depois*

40. *Visita sentimental ao bairro carioca da Lapa, em 1996. Foi ali que ele se refugiou do DPL paulista, na década de 1940. Como fazia quase sempre, escondeu as mãos ao ser fotografado pela mulher*

41. *Em 1998, um ano antes de morrer: bem de vida, admirado e feliz, ele só lamentava, junto aos amigos, que a segurança financeira e o reconhecimento como escritor tivessem demorado tanto a chegar*

15. Um salão para Faulkner

Da rádio para o Nick Bar, do Nick Bar para a rádio. Essa rotina deixou Marcos à beira de uma estafa. Novelas, adaptações, programas, negociação de cachês com atores, discussões desagradáveis na hora de cortar os textos, colaborações para jornais, uísque, música, madrugadas intermináveis e ainda por cima a inflamação desgraçada que volta e meia reaparecia nos pés. Era hora de dar uma parada. Como ainda não tinha direito a férias, pois só recentemente o DPL liberara sua documentação para que pudesse tirar a carteira de trabalho, conseguiu da emissora uma licença de trinta dias.

Seu plano não era descansar nem fazer uma viagem. Queria escrever. Queria, não. Precisava. Estava tomado por uma compulsão irresistível. Passou o mês inteiro em casa, praticamente sem sair do quarto, diante da Underwood que usaria durante quase três décadas. Foi tempo suficiente para produzir o livro que estava em sua cabeça e em boa parte no papel. Ele havia rascunhado no Rio de Janeiro um conto longo com três personagens e sabia que, se o ampliasse um pouco, poderia virar um romance. Novela, na verdade. Esse foi sempre seu gênero literário preferido, na linha de "quanto menos, melhor". Pretendia fazer algo vagamente inspirado em *Ratos e homens*, de John Steinbeck, e *Morte em Veneza*, de Thomas Mann. Não no conteúdo. Na forma, no tamanho. A trama era bem diferente. Acabou escrevendo um texto sombrio, meio depressivo, cujo enredo resumiria assim: "A história de uma empregada esperta, assediada por um patrão velho e por seu jovem enteado. Casa-se com o patrão e alimenta a paixão do moço até levá-lo ao crime".

Sem ser autobiográfico, *Um gato no triângulo* — título que já dera ao conto — reflete seu estado de ânimo no período em que ficou no Rio, quando começava a tentar recuperar-se dos sofrimentos pelos quais passara nos sanatórios. Talvez por isso, o personagem Miguel, o enteado, tinha, como Marcos, problemas de locomoção. Com 181 páginas, o livro ficou pronto naquelas quatro semanas, mas ele esperou três anos pela sua publicação. Depois da recusa da primeira editora que procurou, a José Olympio, submeteu os originais à Saraiva. Ficaram lá, enquanto Marcos voltava aos programas de rádio na Excelsior e na Nacional, que haviam sido vendidas por José Nabantino Ramos a seu irmão, o advogado e político João Batista Ramos, e à vida noturna. Em 1953, Cassiano Nunes e Mário da Silva Brito, editores da Saraiva, mandaram-lhe a esperada notícia pelo correio: o livro, enfim, ia sair.

Um gato no triângulo recebeu várias críticas favoráveis. "Marcos Rey entra vitoriosamente nas quadras da ficção brasileira com uma novela densa, dramática, de clima angustiante", saudou a *Folha da Manhã*. Toledo Machado, do *Diário do Comércio e Indústria*, aplaudiu o "jovem escritor na antevéspera da plenitude intelectual". Osmar de Freitas Júnior afirmou no *Diário da Noite*: "É um desses livros em que a maturidade domina de todo a impressão da estréia. Não poderia ser mais trabalhado, no sentido artístico, mais elaborado, esfriado, retocado". No mesmo *Diário da Noite*, Herculano Pires resumiu suas impressões em uma frase: "Uma estréia feliz".

O único que não gostou foi Wilson Martins. Em um artigo para *O Estado de S. Paulo*, ele classificou a história de "banal" e definiu o livro, sem meias palavras, como um "melodrama barato". Cinqüenta anos depois, em Curitiba, o autor da *História da inteligência brasileira*, um calhamaço em sete volumes, mantinha a mesma opinião: "Eu até o elogiei mais tarde, mas ele era fraquinho no começo da carreira". Marcos não se conformou e escreveu uma "Carta abertíssima ao sr. Wilson Martins", em que o acusava de fazer "crítica de achincalhe" e de escorregar no texto ao escrever "clássica gargalhada", expressão que considerou um "malcheiroso cacófato, que obrigará o leitor a tapar as ventas".

Com uma opinião contrária e várias favoráveis, a novela deu-lhe certa notoriedade nos meios literários. Ele foi entrevistado pela TV Tupi, por emissoras de rádio e por jornais. O livro, porém, vendeu mal. Levou cinco anos para esgotar a edição de 2 mil cópias. Tempos depois, por algum motivo que nem Marcos entendeu, tornou-se uma obra cultuada. Nos anos 70, um livreiro lhe contaria que os raros exemplares remanescentes eram disputados nos sebos de São Paulo. Chegou a sair anúncio classificado de gente interessada em comprar um deles. A nova edição, com muitos trechos reescritos, só apareceria em 1995, pela editora Ática.

Entre os que demonstraram entusiasmo por *Um gato no triângulo* estava o escritor Oswald de Andrade. Um dos articuladores da Semana de Arte Moderna de 1922, responsável em 1928 pelo movimento antropofágico — simbolizado pela tela *Abaporu*, de Tarsila do Amaral, uma das várias mulheres com quem se casou — e transformado em 1967, treze anos depois de morrer, em uma das referências do tropicalismo de Gilberto Gil, Caetano Veloso e companhia, Oswald aplaudiu o livro. No dia 2 de fevereiro de 1954, elogiou-o na coluna "Telefonema" que escrevia no *Correio da Manhã*, do Rio de Janeiro. Curiosamente, Marcos só tomaria conhecimento do artigo em 1992, com quase meio século de atraso, ao folhear um dos volumes das obras completas de Oswald. Na época em que foi publicada, a crítica passou-lhe despercebida. Tinha cinco parágrafos curtos:

> A estréia de Marcos Rey no romance foi muito bem recebida. Ele fez uma história direta, sem pretensões nem ornamentos. *Um gato no triângulo* não deixa de beirar o conto policial.

Suas figuras são bem desenhadas e fortes e a ação atrai o leitor.

Trata-se de um drama paulista, do confuso *bas-fond* que se forma sob o peso milionário dos arranha-céus.

É um drama de ciúme pacientemente construído e que um dia estala como um raio. Há maconha, vício, decadência e conflito nas páginas bem escritas dessa novela atual.

Marcos Rey pode continuar animado o seu caminho aberto sem escândalo e sem proteção.

Quando eles se conheceram, em 1953, o autor de *Serafim Ponte Grande* e *Memórias sentimentais de João Miramar* encontrava-se um tanto esquecido. Outrora rico e esbanjador, ele morava agora em um bangalô modesto da Vila Mariana com a sexta e última mulher, Maria Antonieta d'Alkmin, e dois filhos pequenos, Paulo Marcos e Marília. Aos 64 anos, estava magro, diabético e com a voz fraca. Marcos e Oswald foram apresentados no apartamento de Carmen Dolores Barbosa, na rua General Jardim, 51, terceiro andar, a poucos metros da praça da República. Logo depois de receber o primeiro convite para ir lá, Oswald retribuiu a gentileza com um artigo elogioso. "O que São Paulo possui de selecionado em literatura enche o seu apartamento da rua General Jardim", escreveu em agradecimento. A anfitriã era uma mulher da sociedade, espanhola de nascimento, que ajudava a animar a vida cultural da cidade e havia instituído um prêmio para escritores. Nas noites de terça-feira, recebia literatos e intelectuais para reuniões que ficaram conhecidas como Salão Carmen Dolores Barbosa. Bem-apessoada e exuberante, ela estava casada na ocasião com Mário Donato. Mas moravam em casas separadas, uma extravagância para a época.

A recepção mais comentada entre as inúmeras promovidas por Carmen Dolores aconteceu em 11 de agosto daquele ano, em homenagem ao escritor americano William Faulkner. Ganhador do Prêmio Nobel de Literatura em 1949, Faulkner viera a São Paulo na condição de estrela do Congresso Internacional de Escritores, realizado dentro do calendário de comemorações do quarto centenário de fundação da cidade. Alguns convidados de Carmen Dolores às vezes se queixavam que ela controlava as bebidas durante suas tertúlias, instruindo os garçons a servir no máximo duas doses por pessoa. Por isso, muitos saíam do apartamento diretamente para as vizinhas casas noturnas da Vila Buarque, onde terminavam de matar a sede. Naquela noite, contudo, o uísque escocês e o vinho espanhol rolaram com generosidade. Nem poderia ser diferente. O homenageado bebia para valer.

Faulkner, que tinha 57 anos e era uma celebridade literária internacional, chegara ao Brasil naquela semana. O poeta e advogado Geraldo Pinto Rodrigues, um dos escalados pela União Brasileira de Escritores para recebê-lo no Aeroporto de Congonhas, lembraria que ele desceu do avião "já bastante alto". Foram de lá para o hotel Esplanada, um grande prédio em estilo francês nos fundos do Theatro Municipal, mais tarde ocupado pela sede do grupo Votorantim. Antes de subir ao apartamento reservado, enquanto preparava seu cachimbo, Faulkner pediu ao escritor Osmar Pimentel, o único do grupo que falava inglês, que o levasse ao bar do hotel, onde bebeu uísque durante duas horas, até ser carregado para o quarto. Segundo uma história da época, ao acordar abriu a janela, assustou-se com os arranha-céus da cidade e exclamou: "Mas o que estou fazendo em Chicago?".

No dia seguinte, o criador do condado imaginário de Yoknapatawpha, cenário de sua epopéia literária, seria o centro de uma festa no apartamento do casal de romancistas Maria de Lourdes Teixeira e José Geraldo Vieira, na rua Xavier de Toledo, perto da Biblioteca Municipal Mário de Andrade. Foi um acontecimento. O escritor Rubens Teixeira Scavone anotou, entre outras, a presença dos escritores João Cabral de Melo Neto, Rubem Braga, Afrânio Coutinho, Péricles Eugênio da Silva Ramos, Lúcia Miguel Pereira, José Tavares de Miranda, Adolfo Casais Monteiro e Mário Donato. Todos ficaram admirados ao comprovar ao vivo o quanto Faulkner bebia. Anna Maria Martins recordaria que ele entrou amparado pelo jornalista Saldanha Coelho: "Desabou em um sofá, e ficou ali, sentado, enquanto as pessoas iam cumprimentá-lo. Mal trocou algumas palavras com os convidados".

Antes, ele fora levado para conhecer a Biblioteca Mário de Andrade. Em certo momento, Faulkner deitou-se no chão. Marcos descreveria a insólita cena em um texto que jamais publicou, conservado entre seus papéis:

> Ao levantar-se, explicou que, devido a um estilhaço encravado na espinha, lembrança da Primeira Grande Guerra, que lhe provocava dores inesperadas, tinha de deitar-se numa superfície lisa, fria e plana, onde estivesse. Seu acompanhante Morton Zabel, então professor de literatura norte-americana no Rio de Janeiro, traduziu embaraçado a explicação, certo de que ninguém acreditaria nela. Sua fama de grande bebedor chegara antes dele ao Brasil.

Refeito da ressaca, Faulkner sentiu-se bem mais à vontade no coquetel de Carmen Dolores. Circulou pela sala, posou para fotografias e conversou com meio mundo, do presidente do Congresso de Escritores, Paulo Duarte, ao artista plástico Flávio de Carvalho, do romancista Lúcio Cardoso a Marcos Rey, que se deslumbrou ao ver o ídolo em carne e osso, com o copo na mão. "Lá estava o matuto que escreveu *Absalão, Absalão!* e *Luz de agosto*, o escritor mais simples e humano que já conheci", registraria em suas anotações. "Nenhuma frase de espírito. Nenhum recalque maldoso. Nenhuma exibição pirotécnica de cultura." Pouco antes que ele fosse embora, Marcos ouviu a mensagem que, a pedido de um repórter do jornal *O Tempo*,

Faulkner dirigiu aos jovens escritores: "Eles não devem se preocupar em saber se o que estão escrevendo são obras geniais ou obras medíocres. O importante é que continuem escrevendo. O tempo se encarregará do resto".

Marcos guardou a frase. Pensava exatamente assim. Lamentou apenas a ausência de Oswald de Andrade na inesquecível noitada lítero-etílica. Doente, ele não pudera sair de casa. Naqueles dias, Oswald era o centro de suas atenções. Eles pretendiam fazer um livro juntos.

16. Os últimos dias do antropófago

Não se sabe se Oswald de Andrade desconfiou da doença de Marcos. Oswald, porém, tinha um surpreendente interesse pelo assunto. Em 1947, dois anos depois da fuga de Marcos, ele fora conhecer um dos sanatórios de São Paulo — é provável que tenha sido o Padre Bento — a convite de Conceição da Costa Neves. A visita o deixou impressionado e tornou-se tema de um artigo que escreveu para o *Correio da Manhã* no dia 10 de agosto daquele ano:

> De há muito eu queria visitar com ela um desses campos de concentração que não precisaram do nazismo para colecionar os maiores horrores vivos da Terra.
>
> Mas a realidade excedeu a qualquer quadro que eu pudesse imaginar. Veja-se o que pode ser para um leproso a visita amiga, sem o menor constrangimento, de uma mulher admirável que roça o seu corpo sadio pelas mutilações e pelas cegueiras e que fala com simplicidade dos ríspidos problemas daquele inferno. [...] Ela é o Promin em pessoa, a sulfa que acaba de sair dos laboratórios para anunciar ao mundo que a morféia é curável.
>
> Ao passarmos os portões onde "se busca a salvação", fomos envolvidos pelo estrídulo de uma festa de arraial. [...]
>
> — Viva dona Conceição! Viva a nossa redentora!
>
> [...] Estacamos de repente. Um velhinho de preto atirara-se ao solo em sua frente para lhe beijar os pés. E penetramos assim de enfermaria em enfermaria, de casa em casa, onde a sua aparição transcendia do momento, tornava-se angélica e bíblica.
>
> Um engenheiro asilado que lidera os doentes aguardava-a penosamente de pé, pois a reação do tratamento pelo Promin o acamara. Mal podia se manter, seguro a um móvel.

Ela sorria linda, sem emprestar à cena nenhum acento extraordinário.

— Hermínio, você fez a barba, está bonito... Mas, que é isso? Deite-se.

O homem tinha os olhos baixos e chorava.

— Esperando a senhora...

Todos a esperavam, a todos ela conhecia pelo nome e pela história. A todos atendia, mancos, paralíticos, mutilados e cegos. Os que as famílias abandonavam tinham nela a sua família. Os que os amigos não mais conheciam tinham nela a sua amiga. Um homem gesticulava, contando:

— Minha patroa não vem me vê, faiz quatro ano...

— Mulher não falta. Você se cura e casa outra vez...

— Mas é ela que eu tenho no coração...

Numa enfermaria, de cegas, do fundo de uma cama, uma voz gritou para a doente que ia ao nosso lado:

— Jacira! Venha aqui, eu quero te dar um beijo pra pensá que é dona Conceição!

As duas se enlaçaram no silêncio.

No apartamento de Carmen Dolores Barbosa, onde se cruzaram algumas vezes, Marcos e Oswald, como todos que iam lá, falavam quase exclusivamente de literatura. Ou melhor, da literatura do veterano modernista. "Nasci para ensinar até o que não sei", costumava lhe dizer Oswald. Em uma das noitadas, contou que estava para publicar *Um homem sem profissão*. Seria o primeiro volume de suas memórias. Foi o único. Marcos prometeu escrever sobre o lançamento no jornal *O Tempo*, com o qual colaborava, e combinaram uma entrevista, que sairia na edição de 19 de setembro de 1954. Encontraram-se no bangalô da Vila Mariana, onde também estavam os escritores Antônio Olavo Pereira e Osmar Pimentel.

"Quando é para falar mal, falo mal até de minha própria família", foi avisando Oswald, que adorava qualquer tipo de polêmica. Marcos mal pôde esconder a excitação. Calculou que dali sairia coisa boa. Mas não saiu quase nada. Os dois colegas ficaram preocupados e o aconselharam a tomar cuidado com as declarações, pois conheciam seu estilo estridente e agressivo. Oswald, que já arrumara inimigos suficientes na vida, acatou a recomendação, inesperadamente cordato, e deu uma entrevista contida. No final da conversa, Marcos voltou a fazer a proposta que de fato lhe interessava, apresentada no encontro anterior: um livro conjunto, em forma de perguntas e respostas, focado na vida e obra de Oswald. Teria umas trezentas páginas. Oswald gostou da idéia e aprovou o título proposto: "Um antropófago de Cadillac". Entusiasmado, para selar o acordo foi à estante e apanhou o penúltimo exemplar que lhe restava de sua peça *O rei da vela*, que só seria encenada em 1967, com grande impacto, numa montagem dirigida por José Celso Martinez Corrêa. Ao presenteá-lo, Oswald colocou na dedicatória: "A Marcos Rey, mais que uma esperança, a certeza".

Combinaram duas sessões de trabalho por semana. No primeiro dia marcado, Marcos chegou pontualmente ao bangalô. Levou com ele a Underwood para redigir as respostas na hora. Apesar da deformação das mãos, era um ágil datilógrafo.

— De quem, afinal, partiu a idéia de organizar a Semana de Arte Moderna de 1922? — foi a primeira pergunta de Marcos.

Não houve resposta. Oswald levantou-se da poltrona para atender, em outra sala, um telefonema de Nonê, seu filho mais velho. Marcos percebeu que discutiam questões de dinheiro. A interrupção foi demorada.

— Você leu *Um homem sem profissão*? — indagou Oswald ao desligar.

— Sim, eu já havia lhe dito. Li e gostei muito.

— Aquele caso da Daisy... O que faria no meu lugar?

— O que eu faria?

— Às vezes me sinto culpado, outras... Não podia adivinhar o que aconteceria. Podia?

Oswald evocava um episódio ocorrido em 1919. No ano

anterior, conhecera a normalista Maria de Lourdes Castro Dolzani, que viera de Cravinhos, no interior do estado, para estudar no colégio Caetano de Campos, na praça da República. Ela foi morar com uma prima, que dava aulas de piano para a francesa Henriette Denise Boufflers, a Kamiá, primeira mulher de Oswald e mãe de Nonê. "Esquelética e dramática, com uma mecha de cabelos na testa", segundo sua descrição, a adolescente Maria de Lourdes era conhecida como Daisy. Oswald a chamava ora de Daisy, ora de Miss Cyclone, "acentuando na primeira sílaba", em ambos os casos com o ípsilon. Tornaram-se amantes. Os dois se encontravam na *garçonnière* do escritor, à rua Líbero Badaró, 67, terceiro andar, fundos, no Centro da cidade, também freqüentada pelos escritores Monteiro Lobato, Menotti del Picchia, Guilherme de Almeida e Leo Vaz.

Um dia, ele segue Daisy pelas imediações, da rua 15 de Novembro ao viaduto Santa Ifigênia, e vê quando ela entra em uma casa amarela em frente ao antigo Cassino Antártica. Descobre que se trata de uma "pensão de rapazes". Semanas depois, ela lhe diz que está grávida. Não fala de quem. Nem ele pergunta. Ambos concordam em fazer um aborto. Recorrem a uma parteira alemã. Há complicações e na Casa de Saúde Matarazzo, onde Daisy é internada com uma crise de hemorragia, os médicos constatam que, ainda por cima, ela estava tuberculosa. Oswald desespera-se e resolve casar-se com a amante, praticamente desenganada, no leito do hospital. Duas semanas depois, ela morre. "A que encontrei enfim, para ser toda minha, meu ciúme matou...", escreveu nas memórias.

Por um longo tempo, guardou restos de palha das duas cestas de flores que enfeitaram o quarto no casamento e um busto de Daisy esculpido por Victor Brecheret. Trinta e cinco anos após tê-la enterrado, vestida de branco, no túmulo da família Andrade, no cemitério da Consolação, Oswald continuava atormentado.

— Mas vamos falar da Semana de 22 — propôs Marcos, tentando acalmar o modernista e retomar a entrevista.

— Sinceramente, tive culpa? Eu estava morto de ciúmes. E temia que o filho não fosse meu.

Na sessão seguinte, Marcos achou que Oswald estava mais magro e abatido. Desta vez, a conversa girou em torno da literatura. Mas o tom de Oswald era de desânimo. No passado um homem orgulhoso e falastrão, ele agora estava deprimido e parecia ter entregado os pontos.

— Minha geração só deu um expoente, Mário de Andrade, o único de nós que tinha cultura e produziu uma obra inovadora. Eu fazia tudo às pressas. Viver sempre me pareceu mais importante do que escrever. No passado, tivemos dois grandes, Machado de Assis e Euclides da Cunha. Some a eles Mário de Andrade, e restará muito pouco.

— E Graciliano Ramos?

— Seco demais.

— José Lins do Rego?

— Úmido demais.

— Mas de alguns outros você deve gostar.

— Sim, claro.

— Quais?

— Esqueci. Escute, vamos dar uma volta?

Pediu que a mulher tirasse da garagem seu Fiat vermelho. Marcos tinha um carro igual. Maria Antonieta foi dirigindo e eles circularam quase em silêncio pelas ruas da Vila Mariana.

— Oswald, mas e você? Não esqueça que você escreveu *Miramar*, o *Ponte Grande*...

— São pastilhas literárias, não textos.

Quando o passeio terminou, Oswald voltou ao drama que não parava de fustigá-lo.

— Então, fui culpado?

Marcos preferiu não responder. Percebeu que o livro nunca

iria sair. Cerca de três meses mais tarde, no dia 22 de outubro de 1954, Oswald morreu. No derradeiro encontro, descrente e deprimido, dissera ao se despedir que tudo o que havia escrito seria esquecido e que a própria palavra impressa perderia seu valor.

— Vocês, do rádio e da televisão, são os homens do futuro — afirmou.

Ele, Marcos, um homem do futuro? Achava que não. Pelo menos não em função dos microfones e câmeras. Permanecia convicto de que seu destino era a literatura, na qual o antes eufórico e agora melancólico Oswald deixara de acreditar. Mas ainda tinha muito que fazer nos bastidores dos estúdios. Uma nova fase de sua carreira logo iria começar, com um programa de perguntas e respostas que estava para ser lançado com perspectivas de sucesso. Só faltava encontrar um nome para ele.

17. A PRÓXIMA ATRAÇÃO

Marcos teve sua primeira experiência na televisão em 1955, na TV Paulista, canal 5, que dez anos depois seria comprada pela TV Globo. Na época, a emissora acabara de ser adquirida pelo empresário Victor Petraglia Geraldini, nome verdadeiro de Victor Costa, dono da OVC — Organizações Victor Costa — e já então proprietário das rádios Excelsior e Nacional em São Paulo. Sem deixar o rádio, que ainda era sua ocupação principal, Marcos foi chamado para produzir programas na TV Paulista. Escreveu alguns teledramas, como se chamavam as novelas curtas, entre eles *Xeque à Rainha*, *Volte Cedo para Casa* e *Ter ou Não Ter*. "Eu queria aprender uma nova linguagem e precisava de dinheiro", contaria.

Embora não ganhasse mal, ele gastava bastante. Freqüentar a noite sempre custou caro, ainda mais para quem fazia questão de estar nos lugares da moda e habituara-se a beber uísque de qualidade. O lugar a que mais ia nessa ocasião era o Clube de Paris, na esquina das ruas Major Sertório e Araújo, um dos primeiros inferninhos chiques da cidade, disfarçado de boate, digamos, familiar. Apresentava-se em seu palco como crooner, em início de carreira, o cantor Cauby Peixoto, acompanhado do irmão, o pianista Moacir Peixoto. Mário Donato considerava-se o descobridor de Cauby, a quem contratou para cantar nas rádios das quais era diretor artístico ao vê-lo atuar pela primeira vez. "A Rádio Nacional tinha mesa cativa nessa casa, e eu estava sempre lá para que a empresa tivesse um representante", dizia Marcos. Bem, a mesa podia estar reservada, mas a conta precisava ser paga.

O jeito era sair atrás de um ganha-pão mais rendoso. Não via grandes perspectivas na OVC, pois para ele o patrão, que admirava em muitas coisas, tinha dois defeitos: torrava dinheiro e pagava pouco. Marcos recordaria:

> Típico herói da era getuliana, Victor Costa começara a carreira como galã de radioteatro, quando adotou seu pseudônimo. De radioator passou a ensaiador, diretor da divisão de radioteatro, diretor artístico e diretor-geral da maior emissora do país, a Nacional do Rio. Vivia sua profissão com intensidade, irradiando um otimismo nem sempre fundamentado. Como um grande Gatsby, gostava do luxo e da vida social. Sua casa de pedras, na lagoa Rodrigo de Freitas, era o endereço preferido de seus amigos e apaniguados nos feriados e fins de semana. Lá se jogava snooker, comia-se e bebia-se com fartura. Gastando pessoalmente mais do que ganhava, acabou levando o mesmo desequilíbrio financeiro à sua organização, o que para ele era quase uma prova de crença no futuro. Victor Costa era boa-praça, camaradão e grato aos que o auxiliaram no início da carreira. Essa não é uma virtude comum nos grandes empresários.
>
> Ninguém no Brasil representou melhor a época do rádio, a sua transformação em indústria de entretenimento, com suas vitórias e seus riscos, do que ele. Victor ingressou na era da televisão adquirindo a TV Paulista, já endividada, sem programação e no bagaço. Não teve tempo para aprender ou renovar nada. E talvez nem fosse capaz disso. No início de 1960, quando morreram Victor Costa, seu diretor comercial Dario de Almeida e um de seus braços direitos, Edmundo de Souza, no espaço de uns dez dias, morreu com eles também o rádio de *broadcasting*, a fase de ouro dos palcos-auditórios, a radionovela, as grandes orquestras radiofônicas e tudo que o veículo tivera de mais caro e espetacular.

Foi na mesma ocasião que convidaram Marcos para ser redator de publicidade. Passou a receber um dinheiro razoável na nova profissão. A princípio, ele acumulou mais esse ganha-pão com o rádio, a TV e, quando eventualmente sobrava tempo, a literatura.

Claro que, mais tarde, não conseguiria compatibilizar tudo isso. Nos dez anos seguintes, passaria por várias agências — entre elas, Panam, Standard e Norton —, com idas e vindas. Aprendeu depressa os macetes do ofício e mostrou-se também nesse campo um profissional ágil e competente. "Eis aí uma coisa que fiz muito bem", gabava-se. Ele cuidou de contas importantes, entre as quais as da Nestlé, Brastemp, General Electric e Willys.

As duas campanhas que lhe deram maior satisfação foram as da geladeira Brastemp e a de uma linha de calçados masculinos. "Em pleno *rush* dos eletrodomésticos, fui um grande vendedor de geladeiras numa fase ainda educativa, quando se procurava explicar a necessidade dos utensílios elétricos", dizia. "Quando surgiram as portas utilizáveis, redigi toda uma campanha, anunciando só as novas gavetas, que chamei de 'espaço integral'." Um de seus anúncios de sapato mostrava a roda de um carro e um pé luxuosamente calçado, sob este título: "O homem do Rolls-Royce afinal foi notado".

O que ele mais gostava em publicidade era trabalhar o que chamava de "engenharia da frase", algo que o ajudaria na criação literária. "A frase tinha que ser direta, limpa e conter o maior número possível de informações", explicava. "A redação publicitária não admite vazios, redundâncias, falsos preciosismos." Uma experiência que o agradou foi a de estar, provisoriamente, do outro lado do balcão: "Pela primeira vez via o rádio e a televisão do ponto de vista de quem paga o espetáculo. Entendi definitivamente que havia um poder mais alto, uma força que manipulava o gosto popular, muito acima do critério dos autores".

Suas tarefas nas agências não se limitavam aos anúncios. Em 1956, ele foi designado pela Standard para participar da equipe que criaria, para a TV Tupi, um programa de perguntas e respostas. O modelo era o americano *64,000 Dollars*. Candidatos previamente selecionados responderiam semana após semana, até errar ou desistir, sobre um tema que conhecessem a fundo.

MALDIÇÃO E GLÓRIA

Poderia ser a vida de uma personalidade — Anita Garibaldi, Chopin, Maria Antonieta — ou um assunto específico, como recordes olímpicos.

Durante vários dias, os produtores quebraram a cabeça para dar um nome ao programa. Em um fim de tarde, eles resolveram continuar no Clube dos Artistas e Amigos da Arte, o Clubinho, a conversa que haviam iniciado na agência, instalada na rua João Brícola. No Clubinho, onde podiam beber uísque, o ambiente era evidentemente mais relaxado. Fundado pelo artista plástico Flávio de Carvalho, o Clubinho funcionou a princípio na rua Sete de Abril, esquina com a avenida Ipiranga, no porão do edifício Esther, considerado o primeiro grande prédio residencial modernista do país.

Morava em um de seus magníficos apartamentos, projetados pelos arquitetos Adhemar Marinho e Álvaro Vital Brasil em 1935, o dândi Marcelino de Carvalho, que colocava um cravo na lapela do paletó de *tweed* inglês ao sair de casa. Ele era o irmão solteirão do empresário Paulo Machado de Carvalho, dono da TV Record, da Rádio Record e da Rádio Pan-Americana, mais tarde rebatizada de Rádio Jovem Pan. Autor de guias de etiqueta e manuais sobre destilados e fermentados, assuntos que conhecia tanto na teoria como na prática, Marcelino freqüentava assiduamente o Clubinho, em cujo balcão e nos livros que escrevia gostava de pontificar com uma frase atribuída a seu colega inglês George Saintsbury: "Se não fora estragar o vinho do Porto, eu o beberia com lágrimas". A clientela do Clubinho reunia gente como ele, advogados, arquitetos, jornalistas, intelectuais e boêmios em geral. Sua sede mudara para o subsolo do edifício do Instituto dos Arquitetos do Brasil, na rua Bento Freitas, 306, esquina com a rua General Jardim. Celebridades das pranchetas como Vilanova Artigas e Rino Levi haviam instalado seus escritórios nesse mesmo prédio, que seria tombado muitos anos depois.

Na reunião do Clubinho em que se discutia o novo programa estavam presentes, entre outros, o publicitário João Carillo, diretor da Standard, e seu irmão Heitor Carillo, compositor de jingles (o mais famoso deles seria criado para as Casas Pernambucanas: "Quem bate?/ É o frio./ Não adianta bater/ Eu não deixo você entrar..."). Numa mesa ao lado, o pintor Francisco Rebollo Gonsales bebia com amigos. Subitamente, "a propósito sei lá de quê", segundo recordaria Marcos, Rebolo começou a gritar uma frase da peça *Anjo de pedra*, de Tennessee Williams:

— O céu é o limite!

A frase foi escolhida de imediato como nome do programa que, por causa de uma participante, seria para Marcos uma experiência inesquecível.

18. Segredos de um programa

O programa *O Céu É o Limite* era apresentado pela TV Tupi de São Paulo, canal 3, nas noites de sexta-feira, entre 21h25 e 22 horas. Entrava no ar logo após o noticiário *Mappin Movietone*. Tudo ao vivo, pois não existia videotape no Brasil. Na época, só havia três emissoras na cidade (as outras duas eram a TV Paulista, canal 5, e a TV Record, canal 7) e 130 mil aparelhos de televisão em todo o país, ou um para cada 450 pessoas. Apesar do alcance restrito da televisão em seus primórdios, o sucesso de *O Céu É o Limite* foi instantâneo. Em 1956, estava estabelecida a instituição do televizinho. Quem não tinha o privilégio de exibir um televisor no lugar nobre da sala dava um jeito de assistir às principais transmissões na casa de algum parente, amigo ou morador ao lado. Do contrário, poderia ficar sem assunto no dia seguinte. Acontecia isso com quem não acompanhava a nova atração, que se transformara, como diziam, em uma coqueluche.

Seu formato lembrava um pouco o futuro *Show do Milhão*, de Silvio Santos, com perguntas e respostas para os candidatos, que, acertando, ganhavam prêmios crescentes. As semelhanças, no entanto, acabavam aí. Em *O Céu É o Limite*, os participantes respondiam sobre um tema único. Não havia múltipla escolha, cartas, plaquetas, nada disso. Era preciso acertar na lata, sem dicas ou ajuda da sorte. Além do mais, os concorrentes não entravam no programa por meio de sorteio. Eles se inscreviam e, depois de uma entrevista, eram selecionados. Foi um de seus segredos. Escolhia-se um candidato em função da empatia que, calculava-se, provocaria no público, tanto pela sua motivação financeira como pelo interesse em torno do assunto abordado.

A maioria pensava em comprar casa própria. Alguns queriam quitar dívidas. Outros, fazer a viagem dos sonhos. Não faltavam os que pretendiam ajudar causas nobres, como instituições filantrópicas. Muito antes de se falar em "politicamente correto" e "ações afirmativas", os produtores perceberam a importância de misturar competidores de diferentes origens e características. Eram, nas palavras de Marcos, "estudantes, senhores aposentados, donas-de-casa birutas, pastores de seitas estranhas, crioulinhas de óculos, respeitáveis funcionários públicos, senhores que viviam em velhos hotéis e mulheres abandonadas pelos maridos".

E o fundamental: sabia-se o que perguntar, de acordo com os interesses da direção do programa. "Tudo foi minuciosamente planejado no sentido de criar surpresas, prolongar suspenses e provocar a torcida", ele revelaria. "Quanto aos conhecimentos dos candidatos, não era o mais importante." Não se tratava de um jogo de cartas marcadas, mas da aplicação prática das informações colhidas nas cuidadosas entrevistas prévias. Um bom entrevistador conseguia descobrir até que ponto um candidato dominava sua matéria e quais eram seus pontos fortes e fracos. Não faltavam os que entravam no programa para serem queimados com perguntas complicadas, o que valorizava os mais bem preparados. Estes logo viravam estrelas e, dependendo do desempenho e da reação dos telespectadores, podiam merecer um empurrãozinho. Mas eles nada percebiam, conforme Marcos contaria:

> Famosos da noite para o dia, reconhecidos na rua e em toda parte, dando mais autógrafos do que os grandes ídolos do rádio e da televisão, acabaram sofrendo de forma galopante todas as deformações psíquicas geralmente provocadas pela popularidade. O ar humilde acabava no palco. Embriagados

MALDIÇÃO E GLÓRIA

pelo sucesso, tornavam-se vaidosos, arrogantes e muitas vezes agressivos, sem jamais reconhecer a hábil e discreta ajuda que recebiam. Julgavam-se gênios. Um segredou-me que pretendia candidatar-se a governador do estado. Outro, que respondia sobre literatura, pensava em concorrer a uma vaga à Academia Brasileira de Letras. Mas a euforia da fama nem sempre escondia o pavor do insucesso. Um deles me garantiu que, caso fosse eliminado, acabaria com a vida nos corredores da emissora. Naturalmente queria uma dica. Não lhe dei, pensando vagamente na publicidade que adviria do fato.

Entre os truques da produção, incluía-se a recomendação aos candidatos para que não respondessem tudo na ponta da língua. Seria mais recomendável mostrar um pouco de indecisão, um certo nervosismo, o que mexeria com a torcida no auditório.

Dentro desse esquema, as coisas só podiam caminhar bem, mas a princípio precisou-se de uma faísca, um estopim, para o programa deslanchar. A grande jogada aconteceu com um jovenzinho que respondia sobre recordes olímpicos. Depois de algumas semanas de respostas bem-sucedidas, o moço foi inesperadamente derrubado. A ficha não coincidia com sua resposta. Ouviu-se aquele "oh" das decepções coletivas. O rapaz protestou, garantindo que a razão lhe pertence. O animador do programa, Aurélio Campos, a um sinal da produção, permitiu que o candidato voltasse na semana seguinte, tempo necessário ao confronto de novas fontes. Nos sete dias que se seguiram, o mocinho dos recordes esportivos foi o assunto da cidade. Mas, evidente, o erro havia sido proposital, o que o próprio animador ignorava. No programa seguinte, o "lamentável" engano foi revelado para o alívio de centenas de milhares de telespectadores. Com isso o programa multiplicou sua audiência e ganhou prestígio e honorabilidade.

Marcos garantia que jamais conviveu com pessoas mais desagradáveis do que os transitórios ídolos do programa. "Derrotados por alguma pergunta maliciosa, passaram a viver o drama do esquecimento", diria. "Não lembro sequer o nome de nenhum deles." Mas houve uma exceção. Entre março e abril de 1956, uma das participantes hipnotizou o público. Era a libanesa Sônia Letayf, cujo perfil nem de longe lembrava o dos candidatos que tanto o irritavam. Ela tinha 29 anos e acabara de sair de uma experiência que a deixara à beira da depressão.

Simpática, inteligente e culta, Sônia estudara na Sorbonne e agora morava com os pais em um apartamento na esquina da rua Bela Cintra com a alameda Santos. Formada em direito e professora de psicologia na Universidade Católica de São Paulo (futura PUC), falava português com sotaque, sendo o francês sua língua materna, era uma leitora compulsiva, gostava de música clássica e nos fins de semana jogava baralho nas rodas do Clube Monte Líbano. Ela nunca soube bem por quê, mas achou que seria uma boa idéia inscrever-se em *O Céu É o Limite* para responder sobre uma de suas paixões: a literatura francesa. Seria divertido, talvez ganhasse algum dinheiro e seria também um jeito de sair de uma vez daquela fossa em que se metera mais de um ano antes.

19. A FOTO GUARDADA

Quem entrevistou Sônia, com a incumbência de avaliar se ela estava apta a participar do programa, foi o próprio Marcos. Embora mantivessem nessa conversa preliminar um certo distanciamento profissional, os dois sentiram de imediato um ponto de afinidade. Ambos adoravam literatura. Tudo bem, Marcos não trocaria algumas páginas de Hemingway pela obra inteira de Balzac, mas a intimidade que ela demonstrava com os escritores franceses deixou-o impressionado. Salvo um ou outro caso, os candidatos eram monotemáticos, especialistas em uma única matéria, em geral chatíssima, como esperanto ou doenças de aves. Se ela gostava tanto de literatura e lera de cabo a rabo Jean Racine, Victor Hugo, Charles Baudelaire e Gérard de Nerval, como estava dizendo, é porque deveria ser uma mulher inteligente, com sólida formação, de mente aberta, não uma dessas pessoas enfadonhas que arrotam uma cultura enciclopédica inútil. Como se não bastasse, percebia que ela tinha vários outros interesses. Talvez pudessem ser da mesma turma.

Racine... hum, ele conhecia de orelhada suas tragédias. Lembrava-se, claro, de *Fedra*. De Baudelaire, lera traduções de Guilherme de Almeida, que, por sinal, segundo se comentava na Tupi e na Standard, não perdia nenhuma apresentação de *O Céu É o Limite*. E Nerval, hein? Que vida folhetinesca, a desse escritor, que foi perder a cabeça por causa de uma dançarina... As entrevistas eram assim. Serviam para testar o nível dos candidatos e armar, sem que eles soubessem, as primeiras perguntas. Não havia dúvida. Ela estava qualificada. Marcos recomendaria sua aprovação para que ela entrasse de imediato no programa. Sônia ficou satisfeita. Gostou de conhecer Marcos, em quem viu um homem instruído e sensível. Falavam de igual para igual. Além disso, ele tinha algo que para ela era familiar. Mas soube disfarçar sua surpresa.

Ela caiu nas graças do público logo na estréia.

— Candidata Sônia Letayf — anunciou o apresentador Aurélio Campos, sempre sério com seus óculos redondos, sua calva no topo da cabeça e seu bigodinho de estimação. — Jean Racine foi um grande dramaturgo e poeta francês do século dezessete. Diga o nome das doze tragédias que ele escreveu.

Sônia, que usava cabelos curtos, um tailleur escuro e brincos discretos, sorriu aliviada. Achou a pergunta tão fácil que arriscou uma provocação.

— Bem, o nome de doze tragédias eu não poderei dizer. Ele escreveu onze.

— São doze, candidata — insistiu Campos.

— Onze tragédias e uma comédia — corrigiu Sônia com segurança. — Vamos a elas, pela ordem: *A tebaida, Alexandre, o grande, Andrômaca*, a comédia *Os litigantes*...

E foi até o fim da lista, sem vacilar.

— Absolutamente certo! — confirmou o apresentador, com o bordão que popularizou e daria o título de um filme inspirado no programa, dirigido e interpretado por Anselmo Duarte em 1957.

Nas semanas seguintes, conforme se previa, as questões ficaram mais difíceis. Mas ela as tirava literalmente de letra, fossem em torno dos poemas de Baudelaire ou da vida de Paul Valéry.

— Um escritor francês do século dezenove apaixonou-se por uma bailarina. Desiludido com esse amor, acabou se enforcando numa rua de Paris. Quem era ele? Qual era o nome da bailarina? Qual o mês e o ano em que se matou?

Depois de pensar um pouco, Sônia respondeu:

— Era Gérard de Nerval, pseudônimo de Gérard Labrunie. A bailarina se chamava Jeny Colon. Ele se enforcou no dia 25 de janeiro de 1855.

— Absolutamente certo! Você acaba de ganhar oitenta mil cruzeiros! Desiste ou continua?

— Continuo.

— Então na próxima semana você concorrerá a cento e vinte mil cruzeiros! Boa sorte e até lá!

Era um bom dinheiro. Com 120 mil cruzeiros, daria para comprar três televisores Philco de 21 polegadas — na época, o aparelho, objeto de desejo da classe média brasileira, custava mesmo muito caro e poucas pessoas tinham condições de adquiri-lo. Se errasse, receberia o prêmio de consolação de 45 mil cruzeiros, preço de duas geladeiras. Nos jornais, nas rádios e nas esquinas de São Paulo, Sônia virou assunto obrigatório. Naquele começo de abril, ela dava entrevistas, assinava autógrafos e era reconhecida na rua. Entre seus torcedores, estava Marcos. Não podia demonstrar, é claro, mas esperava que ela continuasse acertando. A audiência do programa subira e ele achava que aquela moça iria longe.

Na sexta-feira, 13, Aurélio Campos abriu diante das câmeras o envelope lacrado entregue pela produção. Sônia sentiu um frio na barriga enquanto ele lia.

— Quais foram os escritores franceses que ganharam o Prêmio Nobel de Literatura desde 1901? E em que ano eles o receberam?

— Isso não é pergunta sobre literatura — disse Sônia. — É pergunta de almanaque.

— Vou repetir — anunciou Campos com o habitual tom solene de suas frases. — Quais foram...

Ela o interrompeu:

— Não responderei!

Houve murmúrios de perplexidade, seguidos de vaias e

aplausos no auditório. Sônia, dona de um gênio forte, ergueu a cabeça e retirou-se do palco. Ouviu-se aquele "oh" descrito por Marcos. Diante de sua atitude, o apresentador informou que nada havia a fazer. Ela estava desclassificada. Que viesse o próximo candidato.

Durante toda a semana, a TV Tupi recebeu cartas e telegramas de telespectadores inconformados. Até Guilherme de Almeida, um dos participantes da Semana de Arte Moderna de 1922 e futuro "Príncipe dos Poetas Brasileiros" (título que ganharia numa eleição do jornal carioca *Correio da Manhã*, em 1959), saiu em sua defesa, chamando-a de "uma senhora moça, de alta cultura". Em sua coluna no antigo *Diário de S. Paulo*, ele escreveu: "Muito bem se houve a brilhante concorrente do popular programa, recuando com discreta dignidade ante a imprópria pergunta. Ela é uma estudiosa de literatura francesa, e não de antologias, curiosidades ou almanaques".

Com a repercussão negativa, a produção decidiu dar a Sônia a chance de responder a uma nova pergunta no programa seguinte. Ela, no entanto, recusou-se a voltar e ficou com o prêmio de consolação de 45 mil cruzeiros. Assim que ela oficializou a desistência, Marcos convidou-a timidamente para sair. Com sua eliminação, agora não existia mais nenhum impedimento para que se encontrassem fora dos estúdios. Ela aceitou. Foram jantar no restaurante Dom Casmurro, na rua Major Sertório. Muitos anos depois, Marcos contaria a sua mulher que, naquela ocasião, ele e Sônia tiveram um namoro. Sônia, que mais tarde também se casou e foi morar em Paris, onde em 2004 desfrutava sua aposentadoria no 15ème *arrondissement*, diria o contrário. "Jamais houve uma *histoire d'amour* entre nós", afirmaria. "O que houve foi uma coisa rara: a compreensão mútua em torno de um assunto delicado."

Marcos sabia que ela sabia. Nas reportagens em que falou de *O Céu É o Limite*, Sônia procurou sempre registrar que não era apenas especialista em literatura francesa, advogada e professora universitária. Era também uma conhecedora do problema da hanseníase. Em 1954 e 1955, ela entrevistara 144 internos do asilo-colônia de Pirapitingüi com o objetivo de estudar suas reações em face da moléstia. Seu trabalho acadêmico foi publicado em francês no número 1 da *Revista de Psicologia Normal e Patológica*, com o título de "Recherche sur la mentalité des malades de la lèpre" [Pesquisa sobre a mentalidade dos doentes da lepra]. A prolongada convivência com os enfermos é que a deixara à beira da depressão.

No Instituto de Psicologia da Universidade Católica de São Paulo, onde trabalhava, os professores com os quais falara sobre o projeto a haviam desencorajado de levá-lo adiante. Por que tratar de um assunto como aquele? Ela não tinha consciência do perigo que corria? Não sabia dos riscos de contágio? Sim, sim... Sabia de tudo isso. Mas estava disposta a mergulhar nesse mundo desconhecido e estigmatizado. Seu propósito era mostrar como cada doente reagia após o diagnóstico, que trazia como conseqüência imediata seu isolamento, muitas vezes definitivo, do resto do mundo. Não abandonaria seu plano. Pouco lhe importava a desaprovação de colegas e superiores. Quando punha uma idéia na cabeça, ia até o fim. Sempre fora uma mulher corajosa e obstinada. "*Je suis têtue*", sou cabeçuda, dizia na faculdade.

Antes de iniciar o trabalho com os doentes, ela fez uma enquete com duzentos paulistanos. Destes, cinqüenta eram funcionários do Departamento de Profilaxia da Lepra. Embora sem utilizar uma amostragem científica, queria medir de alguma forma como a doença era encarada pela população considerada sadia e pelas pessoas encarregadas de tratá-la. O resultado mostrou que a reação de 37% dos entrevistados era de nojo; de 29%, medo; de 23%, horror; e de 11%, piedade. Sônia confirmou assim seus piores pressentimentos. Estava de fato lidando com uma maldição.

Ao final de um ano de pesquisa, ela concluiu que os doentes, do ponto de vista psicológico, podiam ser divididos em quatro grupos: os "negativos", que não reconheciam a própria enfermidade e tornavam-se revoltados; os "positivos", que encontravam no sanatório a solução para seus problemas de sobrevivência e solidão; os "ajustados", que colaboravam com os médicos e seguiam as regras estabelecidas, esforçando-se ao máximo para ser curados e receber alta dos asilos; e os "ambíguos". Interessou-se sobretudo por estes últimos. Eram os mais inteligentes e com melhor escolaridade. Consideravam-se diferentes dos demais internos, rejeitavam a vida nos sanatórios, mas temiam ainda mais os preconceitos que encontrariam no mundo exterior no dia em que saíssem de lá. Quando isso acontecesse, pretendiam trocar de nome ou mudar de cidade, quem sabe de país.

Sônia percebeu logo que Marcos podia ser enquadrado entre os ambíguos. Ao tomar a iniciativa de comentar que soubera pela imprensa que Sônia fizera esse trabalho, ele indagou em que asilo ela estivera.

— Eles devem sofrer muito — disse Marcos ao ouvir sua resposta.

Referia-se sempre a "eles", como se não fizesse parte desse universo. Apesar do pudor, ficava claro para Sônia que Marcos sentia-se, diante dela, um doente identificado. A casualidade os aproximara. Isso nunca mais aconteceria em sua vida. Fora os pais, os irmãos, os cunhados e a futura mulher — menos de dez pessoas, que não abriam a boca com terceiros —, além dos dermatologistas com os quais se tratou, obrigados a manter sigilo profissional, ninguém mais tomou conhecimento de sua enfermidade. A convivência com Sônia acabou levando Marcos a tocar no calvário de sua adolescência. "Ele jamais usou as palavras 'lepra' ou 'hanseníase' em relação a si mesmo, apenas deixava implícito", ela recordaria.

Um dia, ele lhe falou de Mário Donato.

— Ele foi meu grande apoio naqueles anos negros — afirmou, emocionado.

E mudou de assunto, soltando um dos trocadilhos da moda, enquanto ela notava como ele se orgulhava de sair pela noite com uma mulher que, sabedora de seu segredo, não o discriminava.

— Conhece marcas de cosméticos, Sônia?

— Claro...

— Então me diga: se os produtos da Elizabeth Arden, o que a Helena Rubinstein com isso?

Depois de algumas semanas, deixaram de se ver. A publicidade, o rádio e a TV não lhe davam folga. Ele tinha também um novo romance em andamento, centrado na trajetória de uma moça suburbana que se transforma em garota de programa antes de alcançar o estrelato. Como todos os seus livros, era ambientado em São Paulo. Traria muitas referências aos lugares que freqüentava com Sônia, como o Dom Casmurro e o Oásis. Por sua vez, desde o sucesso do programa ela passara a ser requisitada para fazer conferências sobre literatura e sobre hanseníase. Antes de se despedirem, deu um retrato a Marcos. Seu namorado, segundo ele. Seu amigo, segundo ela. Marcos mudou-se cinco vezes de casa, perdia objetos, rasgava originais e vivia jogando coisas no lixo, mas nunca se desfez daquela foto.

20. Paixão instantânea

Marcos costumava dizer que os anos 50 foram para ele de intenso trabalho, muitos prazeres e algumas loucuras. Naquela década, fez rádio, televisão, publicidade. Escreveu dois livros. Freqüentou sem parar bares, boates e inferninhos. Ainda cauteloso em relação aos riscos a que estava exposto por causa das seqüelas da doença, pois apesar do salvo-conduto que levava no bolso sabia que a política de internação continuava de pé e que poderia ser vítima de uma arbitrariedade, mergulhou na noite. Convivia com prostitutas e gigolôs, cafetinas e notívagos, porteiros e bebuns. Esse era o mundo em que se sentia seguro, sem necessidade de dar explicações ou prestar contas a ninguém. Bastava pagar, e pronto. Em matéria de sexo ou nas crises de solidão, escolhia as profissionais. Nessa área, as facilidades haviam aumentado.

> Até a prostituição, antes de vitrina, ganhava as vantagens do telefone, e a *call-girl* substituía as escrachadas meretrizes das zonas do pecado. Bastava a qualquer homem, apto ao amor, e bem remunerado, discar o telefone para meia hora depois ter em domicílio ou em qualquer apartamento elegante uma criatura do sexo feminino, variando entre a loira brigitiana e a morena fatal, falando português ou castelhano, com a idade máxima de 25 anos e vestindo o vestido que nossas irmãs ou esposas gostariam de poder comprar. Certamente coisas como essas hoje em dia não causam espanto nem surpresa, mas na década de 50, além de status, evidenciavam os benefícios da civilização.

Não tinha namoradas. Qualquer pessoa com sua bagagem intelectual e seu talento inato para cativar seria um sedutor bem-sucedido. Ele era educado, dono de um humor fino, embora às vezes cáustico, intuía as fraquezas e virtudes alheias, sabia ouvir, sabia conversar, contava casos engraçados, não chateava, acumulara cultura geral suficiente para discutir uma infinidade de assuntos, podia discorrer sobre o enredo de dezenas e dezenas de romances, filmes ou peças teatrais, conhecia música e estava atualizado em matéria de cultura, política e fofocas da vida artística de São Paulo. A timidez só atrapalharia antes do primeiro ou segundo uísque, mas ele não se sentia à vontade para cortejar o que se chamava de "moça de família" ou uma colega de trabalho. Seu receio em se aproximar de uma delas residia, evidentemente, na própria aparência física.

Mesmo no período em que ficou preso no Padre Bento, ele não namorou. Nem sequer dançava nos bailes realizados em datas especiais, como o Carnaval. Eram comuns os namoros e os casamentos entre os internos, mas Marcos não costumava ser visto com companhias femininas. Não que não gostasse de mulheres. Ao contrário. A questão é que ele não se considerava integrante daquele grupo de pessoas, como Sônia Letayf perceberia nas semanas em que conviveram. "Ele talvez tivesse um certo complexo por causa das mãos atrofiadas", acreditava seu companheiro de sanatório Fuad Abílio Abdala. "Andava com as mãos no bolso, conversava pouco e não ia às nossas festas. Só freqüentava o cinema e a biblioteca."

Marcos sabia melhor do que ninguém como os outros o viam, até quando procuravam disfarçar. Não bastassem as mãos em garra e a dificuldade para andar, deficiências que se notavam à primeira vista, em meados dos anos 50 suas feições começaram a mudar, numa das conseqüências da moléstia. Como as seqüelas da doença podem afetar progressivamente as extremidades do corpo, incluindo o nariz e as orelhas, ele aos poucos adquiriu o que os especialistas definem como feições leoninas. Elas podem ser comparadas a um certo esgar permanente que repuxa os traços do rosto. Caíram os pêlos das sobrancelhas. Para esconder a falha, trocou os óculos, já grandes, por outros, ainda maiores e mais pesados, modelo do qual nunca se separou.

Vestia camisa e paletó um ou dois números maiores do que o necessário, para que as mangas cobrissem parte das mãos. Mesmo em dias quentes não usava camisa de mangas curtas. Devido ao mal perfurante plantar, os pés ficaram deformados e mais curtos. Assim, sobrava espaço na ponta dos calçados número 35, que logo se entortavam deselegantemente para cima. Não seria fácil conquistar mulheres com essa aparência. Daí a procura da noite.

> Para o tímido, o solitário ou o doente do cotovelo, a boate oferecia solução, em forma de álcool e músicas. Muito mais saudável e talvez mais barato que ir ao psicanalista. O bolero, por exemplo, era o que havia de melhor para desintoxicar as cucas. É um ritmo que, para a mente, tem a eficácia dos anti-concepcionais, pois permite que se viva um grande amor, com começo, meio e fim, mesmo sem a presença das mulheres.

Em sua própria casa ele era alvo de rejeição. Marcos e os pais permaneciam no sobrado da alameda Ribeiro da Silva. Mário, que se casaria quatro vezes, voltava a morar lá a cada separação. Aos domingos, o almoço familiar continuava sagrado. Logo que todos chegavam, Marcos aparecia na sala. Normalmente vestia um *robe de chambre* bordô com bolinhas brancas. Os irmãos o cumprimentavam com um aceno, sem tocá-lo, e os sobrinhos, que em 1956 tinham entre onze e catorze anos, mal se aproximavam. Nunca haviam apertado sua mão e muito menos lhe dado um beijo no rosto.

Vania, a mais nova, não conseguia entender. Beijava a avó, que não retribuía; o avô, sempre carinhoso; o tio Mário e o tio Sylvio, mas a mãe, Lydia, dizia que ela e seu irmão Ivan não deviam chegar muito perto do outro tio. Tinham que obedecer, como fazia a prima Sylvia. Em um domingo, ao voltarem para casa, resolveram perguntar a razão de tudo aquilo.

— Mãe, por que a gente não pode tocar no tio Mundinho?

— Filha, ele tem uma doença.

— Que doença, mãe?

— Uma doença... Uma doença que...

Lygia começou de repente a soluçar e contou a verdade aos filhos, do jeito que pôde. Quando acabou de falar, chorou convulsivamente. Vania, que jamais vira a mãe chorar daquele jeito, não esqueceria essa cena. Nem o dia em que, ao entrar no curso ginasial, aproximou-se devagar de seu tio Mundinho e indagou:

— Tio, o que eu devo ler? Será que o senhor poderia me orientar?

— Ah, que bom! Você gosta de livros. Espere um pouco.

Marcos pegou um papel e fez uma lista com os títulos de algumas obras. Ela não precisaria pedir que os pais as comprassem. Todas elas, colocadas em ordem nas estantes e catalogadas por Mário, que era um homem bastante organizado, faziam parte da biblioteca do avô. Naquele domingo, agradecida, Vania abraçou e beijou seu tio pela primeira vez.

Em meio à repulsa que enfrentava dentro e fora de casa, Marcos escreveu no final dos anos 50 um romance que procura retratar aquela década em São Paulo. Chama-se *Café na cama*. Foi seu primeiro best-seller. Foi também o primeiro livro com o qual ganhou dinheiro. Com cerca de 550 páginas, é a mais extensa de suas produções literárias. Permaneceria na lista dos mais vendidos durante quase todo o ano de 1960, quando foi lançado. Em um determinado momento, ficou em primeiro lugar, à frente de *A cela da morte*, memórias do célebre condenado americano Caryl Chessman, que seria executado na câmara de gás alegando inocência de seus crimes, e de *Gabriela, cravo e canela*, um dos maiores sucessos de Jorge Amado. *Café na cama* é um livro bem diferente da novela de estréia, com ritmo mais ágil e enredo de folhetim. A personagem central troca de nome — Norma Simone, Sandra, Silvana Rios — à medida que muda de profissão: manicure, balconista, prostituta de luxo e atriz. "Enquanto *Um gato no triângulo* era um livro voltado para si mesmo, uma espécie de viagem ao quarto, *Café na cama* era um passo para fora, um olhar para o mundo, um ir ao encontro dos outros", ele comparava. "Minha intenção foi a de colocar dentro dele sem romantismos nem fajutices toda a verdade que os olhos duma geração enxergavam."

Esse romance foi escrito em um dos períodos de mais trabalho de sua vida. A criação do livro já bastaria para ocupá-lo em tempo integral. Mas ainda tinha ora o rádio, ora a TV, as rotineiras incursões na noite e uma nova atividade. Ele criara com Mário e Sylvio a editora Mauá. Mais tarde, Mário e Marcos, com outros sócios, abririam as editoras Donato e Autores Reunidos. O escritório ficava na rua 24 de Maio, 250, 13º andar, quase ao lado do prédio onde funcionavam os estúdios da Excelsior e da Nacional, além da sede da União Brasileira de Escritores, da qual Marcos seria diretor.

Seu objetivo era bastante pragmático: ganhar dinheiro com um empreendimento comercial que, embora na área de publicações, nada tinha de literário. Os três irmãos iriam lançar um alentado catálogo com o nome de *Recenseamento da indústria paulista*. Em quinhentas páginas, o primeiro volume traria uma relação das empresas do estado que fabricavam máquinas e motores, "com números, estatísticas e outras informações objetivas, pois o recenseamento não acolhe referências encomiásticas", segundo anunciava o folheto distribuído aos possíveis interessados em participar. Como eram inserções pagas, "poderá o industrial, se quiser, ocupar mais páginas com fotos de suas instalações, fundadores e diretores, produção, máquinas e assistência social". Os volumes seguintes seriam dedicados a empresas de comestíveis, bebidas, produtos químicos e produtos farmacêuticos. Era a velha e rendosa matéria paga, em forma de livro.

Para tanto, precisavam de agentes credenciados, como foram chamados os corretores, que colheriam os dados junto às indústrias e ganhariam comissões pela venda das páginas aos clientes. Os irmãos Donato publicaram um anúncio em *O Estado de S. Paulo* oferecendo o emprego a quem se habilitasse. Apareceram centenas de candidatos. Entre os 37 escolhidos, incluía-se Primo Dall'Ollio, aquele velho amigo de Marcos que ele conhecera no sanatório Padre Bento e com quem morou no cortiço da Lapa quando ambos fugiram do asilo, em 1945.

Do grupo fazia parte igualmente uma morena de 28 anos, bonita, tímida, sorridente e ambiciosa. Ela trabalhava como secretária na Companhia de Força e Luz, concessionária de energia elétrica em São Paulo, e pretendia conciliar as duas atividades para comprar um carro. No dia da entrevista, vestiu-se com capricho e usou um perfume discreto. Ao chegar ao escritório, foi encaminhada à sala de Marcos. "Que homem feio e mal penteado", pensou assim que o olhou.

— Muito prazer, meu nome é Palma Bevilacqua — apresentou-se.

Minutos depois, ele achou que estava apaixonado.

21. Depois do temporal

Palma começou a trabalhar como agente credenciada da editora Mauá no dia 25 de março de 1958. A entrevista, como acontecera com a de Sônia dois anos antes, fora um sucesso. Encantado com a candidata, Marcos aprovou de imediato sua contratação e levou-a até a sala de Mário. Ali, pela primeira vez, Marcos sentiu uma ponta de ciúme. Durante a conversa que haviam tido, ela dissera que não conhecia seu livro *Um gato no triângulo*. Diante de Mário, contou que não só havia lido *Presença de Anita* como tinha gostado muito. Conhecia também *Madrugada sem Deus* e *Galatéia e o fantasma*, outros de seus romances.

— Tão jovem e já leu tanto — comentou Mário, surpreso e lisonjeado.

Ela teve a sensação de que era um galanteio. Não estava inteiramente enganada. Mário sabia impressionar as mulheres.

— Gosto de livros — disse Palma. — E confesso que levo uma vida um pouco solitária.

— Bem... — interrompeu Marcos, dirigindo-se à nova funcionária, um pouco incomodado pelas mesuras do irmão. — Vamos continuar a conversa na minha sala, pois preciso lhe explicar melhor como será seu trabalho.

A sós mais uma vez, ele mudou de tom. Passou a falar mais objetivamente sobre as atribuições de Palma na editora. Ela deveria procurar pelo menos três indústrias por dia, preencher o questionário-padrão de cada uma delas e apresentar a tabela de preços para as que se interessassem em aparecer no livrão com maior destaque. Uma vez por semana, teria que lhe entregar um relatório por escrito.

Enquanto ouvia, Palma observava as mãos dele. Por que seriam daquele jeito? Incomodou-se com seus óculos, que julgou descomunais e fora de moda. Como era desajeitado, sem traquejo. Achou tudo esquisito. Apesar disso, ele parecia ser inteligente. Expressava-se com clareza e desenvoltura. Fisicamente, não guardava muita semelhança com o irmão mais velho, em quem viu um homem elegante e de personalidade. Lembrou-lhe seu pai, que por coincidência se chamava Donato. O advogado Donato Bevilacqua. Palma perdeu os pais quando tinha dezenove anos. O padrão econômico da família, de classe média que morava na avenida Tiradentes, no bairro da Ponte Pequena, caiu da noite para o dia. Segunda dos cinco filhos vivos — a mais velha morreu antes de completar um ano —, Palma passou então a trabalhar para ajudar no sustento dos irmãos menores, o que a levou a desistir do projeto de formar-se em direito como o pai.

Antes de entrar na Força e Luz, ela tivera uma breve experiência como comissária de bordo da empresa aérea Real. Voou durante três meses em aviões DC-3 nas rotas para Porto Alegre, Rio de Janeiro, Belo Horizonte e Campo Grande. Mais tarde, trabalhou como decoradora. Pela manhã, pegava bonde ou ônibus e à tarde voltava a pé para casa. O emprego que lhe ofereciam na editora não chegava a ser o de seus sonhos, mas aceitou-o. Com sorte e dedicação, poderia convencer várias empresas a participar do livro e ganhar boas comissões.

Uma coisa, porém, já a estava incomodando. Marcos não tirava o olho de cima dela. Passados alguns dias, veio o primeiro convite para jantar. Ela recusou polidamente e contou que era uma mulher comprometida. Namorava havia vários anos o chefe de escritório Reinaldo Zangrandi, um rapaz loiro e de olhos azuis que fora cunhado do falecido escultor Victor Brecheret, autor do *Monumento às Bandeiras*, o popular "deixa que eu empurro" do parque do Ibirapuera, e — como lembrou Marcos, para esticar a conversa — de um busto de Daisy, a Miss Cyclone de Oswald de Andrade. Palma achava que não estava mais apaixonada por Reinaldo, mas isso Marcos não precisava saber. O pior é que ele não desistia e lhe mandava recados por intermédio de sua irmã Irene, a quem conhecera numa visita que esta fizera à editora.

Certa tarde, ao voltar para o escritório, Palma pegou um temporal na praça da República e teve que esperar sob uma marquise a chuva passar. Quando conseguiu chegar ao prédio da rua Vinte e Quatro de Maio, havia escurecido. Marcos era o único que ainda estava lá. Ao vê-la completamente ensopada, o vestido grudado no corpo, apressou-se em apanhar uma toalha.

— Posso te enxugar? — ofereceu-se.

— Não, obrigada. Eu mesma farei isso.

— Você vai se resfriar...

— Eu me cuido sozinha.

— Então, quando você terminar, eu te levo para casa num carro de praça.

— Olha, não é preciso. Estou de saída e só vim entregar o relatório.

No dia seguinte, ela falou com Mário. Não dava mais. Sentia-se desconfortável com o assédio do irmão e iria se demitir. A verdade é que não gostava daquele emprego. Apesar dos apelos que recebeu para que pensasse melhor, acertou as contas e foi trabalhar em uma floricultura da rua Líbero Badaró. Marcos não se deu por vencido e procurou Irene em seu apartamento na avenida São João para pedir que intercedesse por ele.

— Palma, esse homem é louco por você — disse Irene. — Ele é tão educado. Por que vocês não conversam?

Em meio a uma série de dúvidas e sugestionada pela opinião da irmã, ela concordou em jantar com ele em um restaurante baiano que existia na praça Marechal Deodoro, em Santa Cecília, vizinho daquele bilhar onde o haviam apanhado em 1941. Estava um pouco corada quando chegou, de saia preta e blusa turquesa.

— Como você é colorida! — Marcos exclamou ao vê-la.

Palma gostou da observação e da conversa que se seguiu, primeiro sobre literatura, naturalmente, depois sobre rádio, televisão... Quase esqueceu que o considerava uma pessoa feia, com todas aquelas queimaduras nas mãos, disfarçadas por tiras mal cortadas de esparadrapo. Ele se atrapalhava ao acender o cigarro — acabara de trocar o Elmo pelo Hollywood — e chamuscava-se com o isqueiro. Só mais tarde veio a saber que suas mãos eram insensíveis. Na saída, pisou-lhe na ponta do sapato por descuido e não entendeu por que ele não sentiu a ponta de seu pé.

Ficariam um tempo sem se verem até que, por acaso, cruzaram-se na rua Barão de Itapetininga. Ela estava com Reinaldo, e Marcos dirigia-se à Livraria Teixeira. Apresentou um ao outro:

— Este é o meu namorado. E este é o meu ex-patrão.

Quando se despediram, Palma não resistiu ao impulso de olhar para trás. Reinaldo teve uma crise de ciúme e ela sentiu que seu relacionamento aproximava-se do fim. Palma e Marcos voltaram a se ver, dias depois, na praça Dom José Gaspar, ao lado da Biblioteca Mário de Andrade. Dessa vez, haviam marcado o encontro por telefone. Marcos acreditou que chegara sua hora.

— Você gosta de seu namorado?

— Não.

— E de mim?

— Não.

— Mas eu quero casar com você. Eu te adoro!

Palma ficou em silêncio. Foram andando devagar em direção ao Theatro Municipal, onde ela apanharia um táxi. Ao se despedir, Palma lhe disse:

— Se você quer casar comigo, leve-me para conhecer sua mãe.

22. A REVELAÇÃO

Alguns dias depois, Palma foi conhecer a família Donato em um dos almoços dominicais da alameda Ribeiro da Silva. Caprichou na roupa. Nesse dia, usou pela primeira vez um tailleur Chanel que havia comprado pelo crediário na Casa Vogue. Marcos vestiu paletó e gravata. Estava nervoso. Marianina, ao ser apresentada a Palma, estendeu como de hábito seu braço curto, empertigando o corpo, e evitou ser beijada. Palma notou que foi observada de alto a baixo. Luiz recebeu-a com o costumeiro sorriso de simpatia.

Os pratos não demoraram a ser trazidos para a mesa: nhoque, um bolo de carne, peixe frito e arroz branco. Luiz abriu uma garrafa de vinho tinto. O ambiente estava um pouco pesado e Marcos quase não falava.

— Onde ele conheceu você? — indagou Marianina com um ar que Palma interpretou como irônico.

Ela não gostou da pergunta. Ou melhor, da forma como Marianina a formulou, quem sabe pensando nas companhias femininas que os filhos encontravam na noite.

— Posso lhe garantir, dona Marianina, que não foi em nenhum *rendez-vous* — respondeu no mesmo tom.

Luiz, nesse momento, teve um acesso de tosse e serviu outra rodada de vinho. No final do almoço, Marcos pigarreou, encheu-se de coragem e anunciou, olhando para Marianina:

— Mãe, gostaria de dizer para a senhora que, se a Palma quiser, eu pretendo me casar com ela.

Ela mexeu a cabeça e nada comentou. Na saída, falou para Palma:

— Marque com meu filho. Nós duas precisamos conversar.

Na mesma semana, tendo desmanchado o namoro com Reinaldo, que chorou ao ouvir a notícia, Palma voltou lá, sozinha. Marcos não estava presente. Na véspera os dois haviam estreado as alianças, compradas numa joalheria da Barão de Itapetininga, que se mantinha como a rua de comércio mais chique da cidade. Ela e Marianina reuniram-se na sala, junto às estantes repletas de livros, na presença de Luiz, que ficou quieto quase todo o tempo.

— O assunto que devemos tratar é muito sério — começou Marianina. — Você sabe que Edmundo tem defeitos físicos.

— Eu sei — disse Palma.

— O problema não é só nas mãos.

— Nas mãos e nos pés, não é? Eu percebi porque pisei no sapato dele sem querer.

— Sim, nas mãos e nos pés. São conseqüências de uma doença muito grave.

— Que doença? — perguntou Palma, que até aquele momento ignorava a natureza da enfermidade do noivo.

— É difícil para uma mãe contar, mas considero meu dever informá-la. Evidentemente, o assunto morrerá aqui nesta sala.

— A senhora tem minha palavra.

— Edmundo teve lepra.

Na verdade, desde 1945 ou 1946 — a data não pode ser precisada — ele não era mais portador do bacilo de Hansen. Portanto, clinicamente deixara de ser um hanseniano. Mas convivia com as seqüelas da enfermidade, que persistiriam até o fim da vida. A pior delas era o mal perfurante plantar.

Houve silêncio na sala, quebrado por Palma.

— Dona Marianina, minha falecida mãe trabalhou durante muito tempo em favor dos leprosos.

— Não me diga! Ela era doente também?

— Não, ela colaborava com entidades filantrópicas e algumas delas atendiam os sanatórios. Na minha infância, vi quando apanharam uma vizinha e a colocaram no camburão para ser internada à força.

Marianina preferiu não esticar a conversa, para ela uma obrigação penosa. Já dissera o que tinha de ser dito. A partir dali, se o casamento de fato acontecesse, o fardo sairia de seus ombros.

— Bem, agora você está ciente. É o que eu tinha para lhe falar. O Edmundo certamente vai lhe contar o resto.

— Eu vou cuidar dele — prometeu a noiva.

Em seguida, ela teve uma conversa curta com Mário.

— Você não sente medo de casar com ele?

— Nenhum! Eu estou decidida.

— Talvez vocês não possam ter filhos.

— Isso não tem importância. Já criei meus irmãos.

Sylvio também se sentiu na obrigação de adverti-la:

— Palma, você sabe o que está fazendo?

— Sei perfeitamente.

Depois disso, a família quase não tocou mais na doença com Palma. Era como se o problema tivesse passado para ela. Mais tarde, quando comentava com Mário sobre qualquer progresso no tratamento de Marcos, ele diria apenas:

— Que bom... — e passava a falar de outras coisas.

Ao tomar a decisão de casar, após mais três meses de namoro, ela não tinha uma idéia precisa do que a esperava. Rejeitara aquele homem, ainda estranhava seu aspecto físico e só concordara em namorá-lo depois de uma longa insistência. Haviam se passado quase dois anos desde que o conhecera na editora. Mas aprendera a admirá-lo. Nunca convivera com alguém tão articulado, com tanta cultura. Ele estava apaixonado, sem dúvida. Não se cansava de cobri-la de elogios, dava-lhe todas as atenções, era um cavalheiro. E ela, será que o amava? Honestamente, não. Ou ainda não. Mas estava aprendendo a gostar dele. Dissera com franqueza à futura sogra, naquela conversa difícil e dolorosa para ambas, o que se dispunha a fazer: cuidar de Marcos, de suas mãos, de seus pés. Aliás, por que Marianina falou tanto dos pés? Palma estava intrigada.

Marcos só pensava nela e lhe mandava cartas de amor como esta, chamando-a de "linda Palma — linda não, lindíssima":

> Por favor, não leia esta carta às pressas. Leia devagar e, de preferência, na cama. Verá que, em cada frase, mesmo nas mais breves e nas mais frias, há um romântico oculto. Uma pessoa que só não se derrama, como Casimiro de Abreu ou Álvares de Azevedo, porque receia o lugar-comum. Aceito o desafio de não escrever uma só frase que outros poderiam ter lhe escrito. Você me sugere coisas novas, frases de tinta fresca, talvez porque o amor para mim seja uma novidade. De novo o medo de ser derramado, groselhoso; contenho-me. Vejo-a, olhando-me com seus olhos cheios de censura, com ar de quem não acredita. Há uma vírgula mal colocada na frase anterior, mas colocar vírgulas é como dar nó na gravata, às vezes a gente não acerta. Ah, Palma, a gente faz com a vida o que quiser, se tivermos uma tesoura e papéis para recortar, improvisando castelos. Venha, venha comigo. A vida começa amanhã. Partamos para a aventura.

Casaram-se no dia 27 de fevereiro de 1960 na igreja anglicana da praça Olavo Bilac, na Barra Funda. A cerimônia foi realizada lá porque a igreja presbiteriana da rua Helvétia, onde Marianina assistia aos ofícios dominicais e cantava no coro, tinha uma escada na entrada e ela, naquele momento, com um problema nas pernas, estava impossibilitada de subi-la, mesmo com a bengala da qual não se separava. Marianina ficou séria e compenetrada o tempo inteiro, com um vestido cinza. Luiz chorou, emocionado. Marcos tinha 35 anos. Palma, 31. "Eu era virgem", ela afirmaria 43 anos depois.

23. Anjo da guarda

Marcos e Palma viajaram para o Sul na lua-de-mel. Foram primeiro de avião a Curitiba, onde se hospedaram no Mariluz Hotel, e de lá iniciaram um roteiro rodoviário pelas cidades de Paranaguá e Guaratuba, no Paraná, Joinville, Blumenau e Florianópolis, em Santa Catarina, e Porto Alegre. Em Curitiba, na noite de núpcias, ela ficou chocada quando ele lhe mostrou os pés. Eram atrofiados. Pior: o esquerdo tinha uma ferida quase permanente na sola, mais ou menos do tamanho de uma bola de bilhar. Exigia duas assepsias por dia para que não houvesse infecção.

— Meu Deus! — ela horrorizou-se.

— Ficou assim por causa de minha doença — ele explicou, constrangido.

— Marcos! E quem cuida dessa ferida?

— Às vezes minha mãe, mas em geral eu mesmo.

Ela viu que os curativos eram malfeitos. Sem nenhuma habilidade nos dedos e com zonas insensíveis tanto nas mãos como nos pés, ele se tratava do jeito que podia. Na volta a São Paulo, Palma foi aprender com Marianina algumas noções básicas de assepsia. O médico José Maria Gomes ensinou-a a limpar com bisturi as bordas das partes afetadas e a aplicar injeções na veia para baixar a febre que o acometia quando a ferida infeccionava. Com freqüência, a temperatura de Marcos ultrapassava a marca dos quarenta graus. Sem prática, ela preparava a seringa enquanto rezava em silêncio: "Deus, ajude-me! Eu tenho medo de errar e matá-lo".

A febre ia e voltava. "Nosso quarto ficava mais quente do que os outros cômodos da casa", contaria Palma. As crises se estenderiam pelos seis primeiros anos do casamento. E o pé, por sua vez, exigiria cuidados diários permanentes. Indolores para Marcos, os procedimentos eram trabalhosos e desagradáveis para quem os fazia. Por recomendação de outro médico, Rubens Escobar Pires, o éter empregado na assepsia seria trocado por água boricada. Em futuras viagens, Palma levaria na mão uma maletinha com 52 frascos e ampolas de remédios. Isso lhe acarretou problemas. Na alfândega dos aeroportos de Roma e Paris, muitos anos mais tarde, ela seria submetida a exames humilhantes por policiais desconfiados de que transportava drogas. Desde esses incidentes, não viajava sem um documento, assinado pelo médico Estevam de Almeida, informando que seu marido dependia de uma série de medicamentos. O atestado, com versões em português e inglês, não especificava sua doença.

Durante um casamento que não gerou filhos, porque provavelmente a moléstia tornou Marcos estéril — ele não quis se submeter a exames para verificar a suspeita que ambos alimentavam —, Palma transformou-se em um anjo da guarda completo. Era tudo para ele: enfermeira, motorista, babá, cozinheira, que lhe trazia alimentos já cortados, secretária, agente literária, assessora de imprensa, amiga, mãe e mulher. Procurava facilitar suas tarefas cotidianas. Todas as manhãs, fazia sua barba, penteava-o e o vestia, como se fosse uma criança pequena. Marcos tinha consciência de que, sem ela, estaria perdido. Anos depois, quando foi no carro do casal ao velório do escritor Osmar Pimentel no crematório da Vila Alpina, o poeta Geraldo Pinto Rodrigues fez um comentário:

— Já pensou o que seria do Marcos sem você, Palma?

Marcos nem deixou Palma responder.

— Olha, Geraldo — ele disse. — Se acontecer isso, eu não poderei mais viver.

Em diversas conversas, Marcos afirmou a sua mulher que, caso ela morresse antes, iria se suicidar. Palma tinha certeza disso. Ele tornou-se seu dependente por completo. Além de cuidar das feridas, ela se encarregava de suas roupas. Comprava camisas no número certo, mandava fazer calças e paletós sob medida, escolhia meias infantis tamanho oito, que se adaptavam aos seus pés, e encomendava calçados especiais, em forma de botinha, ao sapateiro Nicola Petrullo, dono de uma oficina na rua Apiacás, no bairro de Perdizes. Só não conseguiu convencê-lo a experimentar óculos mais modernos. Em mais uma seqüela da doença, ele tinha vista fraquíssima. Sem aqueles óculos descomunais, ficava virtualmente cego. Muito míope, para longe usava lentes de nove graus no olho direito e de dez graus no olho esquerdo; para perto, de doze e treze graus.

Aos poucos, ele mudou de aparência e ganhou autoconfiança. Com 1,64 metro de altura, antes magricela, passou a comer bem, engordou, viria a pesar 85 quilos e começou a fazer um surpreendente sucesso entre as mulheres. "Conheci Marcos já gordinho, rechonchudo, sempre cheiroso, bem vestido, cabelos curtinhos, barba bem-feita", lembraria uma de suas amigas, a escritora Fanny Abramovich. "Era uma graça de homem." A também escritora Stella Carr costumava acompanhá-lo em lançamentos de livros e eventos literários: "Que impressionante o assédio feminino em cima dele! Mal chegávamos à Livraria Brasiliense ou à Livraria Teixeira, moças e senhoras aproximavamse, iam se encostando, vinham lhe trazer bebida e lhe davam salgadinhos na boca".

— Marcos, você deve ter mel! — Stella lhe dizia.

Em resposta, ele soltava uma risada marota. Se Palma sentia ciúme? Nem sempre. Ou pelo menos não demonstrava. Marcos ia de táxi aos inúmeros empregos que teve e ela ficava esperando em casa. Quando saía à noite, ela normalmente o levava de carro e ficava ao seu lado. Às vezes, se estava cansada, deixava que fosse sozinho ou com uma daquelas amigas. Sabia muito bem que ele sentia prazer em ser paparicado por mulheres e que algumas avançavam o sinal, mas convenceu-se de que ele nunca a trairia. Numa festa, fingiu não ver o beijo que ele trocou com uma atriz, cujo nome diz haver esquecido. "Como ele já sofreu muito, que se divirta", comentou com um dos amigos do marido, o advogado e escritor João Baptista Sayeg.

O fato é que Palma ficava satisfeita ao constatar que, ano a ano, ele se soltava mais. Deixou de ser tão tímido, travado, de se esconder do mundo. Ela considerava a mudança progressiva de comportamento, a despeito de todas as seqüelas da doença, uma obra sua, o resultado do papel de companheira que desempenhava na vida dele. Também tinha certeza de que contribuía para seu amadurecimento como escritor. Não se julgava uma mulher culta, muito menos uma intelectual, mas o marido a tinha em conta de uma leitora com sensibilidade para dizer se uma história era boa ou ruim — e prever se venderia.

Logo que se casaram, Marcos lançou *Café na cama*. Ele vinha escrevendo o romance havia três anos. Palma não gostou do livro. Pareceu-lhe um pouco derramado, longo demais. Foi um de seus raros erros de avaliação, pois *Café na cama* não só fez sucesso nas livrarias como mereceu comentários favoráveis de escritores como Bráulio Pedroso, Fernando Góes e Ricardo Ramos. Dali em diante, Palma seria a primeira leitora de todos os seus textos. Ao terminar um capítulo, um conto ou uma crônica, Marcos pedia imediatamente sua opinião. Se fosse desfavorável, ele reescrevia. Ou jogava fora.

— Se você não gosta, Palma, ninguém vai gostar.

Naqueles primeiros anos de casamento, quando moravam na alameda Barão de Limeira, 1204, apartamento 22, a dez quarteirões da família Donato, Marcos trabalhou a maior parte do tempo como redator de publicidade e escreveu mais dois romances: *Entre sem bater* e *Ferradura dá sorte?* (1963), que na edição seguinte ganharia o título de *A última corrida*. Publicado inicialmente em capítulos no jornal *Última Hora*, como folhetim, *Entre sem bater* foi inspirado em sua experiência no campo da propaganda. Aborda a paixão de um industrial pela mulher do chefe de seu departamento de publicidade, a quem ele procura destruir. Marcos buscou o enredo na saga bíblica do rei Davi, que manda o soldado Urias combater em batalhas de alto risco para ficar com sua mulher, a formosa Betsabá. A trama de *Ferradura dá sorte?* é centrada em um treinador em fim de carreira que aposta na recuperação de um cavalo desacreditado. Mesmo sem ser um especialista em turfe, Marcos interessou-se pelo tema ao conviver, na Rádio Excelsior, com os locutores que transmitiam corridas. Durante várias semanas foi com eles ao hipódromo de Cidade Jardim para conhecer o ambiente e seus personagens.

Os dois novos romances não venderam bem e passaram despercebidos na imprensa. Marcos admitia que ainda não se firmara como escritor. Mas achava que estava no caminho. Com quatro obras publicadas, tinha certeza de que havia evoluído e superado certas hesitações de estilo. Considerava-se no ponto para deslanchar — desde que pudesse dedicar-se em tempo integral à literatura, o que o trabalho na agência de publicidade não permitia. A questão é que era dali, não dos livros, que tirava seu sustento. E se, numa loucura, decidisse jogar o emprego para o alto?

24. Noites do Clubinho

Nos primeiros tempos do casamento, Marcos e Palma iam várias vezes por semana ao Clubinho da rua Bento Freitas, o principal ponto de encontro da intelectualidade boêmia de São Paulo nos anos 50 e 60. Parte daquela turma, tão logo o sol se punha, comparecia quase diariamente ao espaçoso porão da sede do Instituto dos Arquitetos do Brasil. O Clubinho estava à mão para todos, pois seus locais de trabalho e de reunião ficavam a poucos quarteirões: as redações dos jornais — *Estadão*, *Folha*, Diários Associados —, a TV Paulista, várias emissoras de rádio, agências de publicidade, escritórios de advocacia e arquitetura, a União Brasileira de Escritores, a Academia Paulista de Letras. Tudo acontecia por ali. O Centro era realmente o coração da cidade.

A maioria bebia uísque, muito uísque. Ou finalô, um coquetel à base de conhaque com soda que Marcos fez vários de seus personagens consumir em doses exageradas ao longo das páginas de *Café na cama* e *Entre sem bater*. Mário Donato, que foi diretor e presidente do Clubinho em várias gestões, não saía de lá. Se estava desacompanhado, acomodava-se numa das banquetinhas altas do balcão para iniciar o expediente noturno. Os grupos dividiam-se em mesas e conversavam sobre política, literatura, música, amenidades e fofocas ao som do pianista da casa, Paulo Gontijo de Carvalho, o Polera, irmão do compositor Joubert de Carvalho, autor de "Maringá" e "Taí". Marcos achava que Polera era um tanto desafinado.

A única presença fixa no círculo de Marcos e Palma era

Mário. Mas eles sempre acabavam participando das rodas em que estavam o corretor Cláudio Corimbaba de Souza, o advogado e escritor de contos policiais Luiz Lopes Coelho, que morava na vizinha avenida São Luís, os artistas plásticos Flávio de Carvalho, Lasar Segall, Manabu Mabe, Di Cavalcanti e Rebolo Gonsales, os colunistas Marcelino de Carvalho e Tavares de Miranda, o jornalista Arnaldo Pedroso d'Horta, o crítico Sérgio Milliet, o arquiteto Vilanova Artigas, o historiador Sérgio Buarque de Holanda, o cronista Luís Martins e muita gente mais.

Alguns apareciam sozinhos, outros com suas mulheres, como era o caso de Luís Martins, que, depois das críticas de rádio que Marcos lia com preocupação, passou a assinar com as iniciais, durante 34 anos ininterruptos, uma crônica diária em *O Estado de S. Paulo*. Marcos considerava-o um excelente companheiro para dividir uma garrafa de uísque — bebida que, por sugestão de Luís, seria introduzida nos chás da Academia Paulista de Letras — e gostava de conversar sobre jazz e romancistas americanos com a tradutora e contista Anna Maria Martins. Como muitos freqüentadores do Clubinho, Anna Maria imaginava que Marcos tinha seqüelas de paralisia infantil ou artrose. Na época, ele ainda não perdera a inibição que trazia da adolescência, mas já era considerado bom de papo.

Às vezes, depois de duas ou três doses, Marcos costumava contar no Clubinho e em outros lugares que, na época de solteiro, fizera uma viagem de alguns dias a Salvador, convidado pelo radialista Gastão do Rego Monteiro, seu antigo colega na Excelsior. Certo dia, saiu com uma prostituta chamada Neusa Maria, bebeu além da conta e teve uma idéia maluca:

— Vou roubar o Lampião!

— O quê? — perguntou a moça.

— Lampião. Virgulino Ferreira, conhece? Vou levá-lo para o Clubinho, lá em São Paulo.

— Não estou entendendo nada.

— Venha comigo e você verá.

Apanhou um táxi e foi com ela ao Museu de Antropologia Nina Rodrigues, da Faculdade de Medicina da Universidade Federal da Bahia, onde permaneciam expostas, antes de serem sepultadas, as cabeças embalsamadas de Lampião, Maria Bonita e diversos cangaceiros de seu bando. Não havia quase ninguém no museu na hora em que chegaram. Enquanto a mulher vigiava a entrada, Marcos aproximou-se da vitrine e começou a empurrar o vidro para furtar o macabro troféu. Na mão, levava uma sacola.

— Vamos viajar, capitão — murmurou.

Seu plano era colocar a cabeça na sacola e puxá-la diante dos companheiros do Clubinho, anunciando: "Vejam agora o souvenir que eu trouxe da saudosa Bahia". Nisso, ouviu um sussurro.

— Psss... Ei, paulista... — avisou Neusa Maria.

Era um funcionário que se aproximava. Marcos então caiu em si e desistiu do plano. Mas ganhou uma boa história para seu repertório. Sabia contá-la com graça e arrancava gargalhadas dos ouvintes. Ele adorava esse tipo de conversa. Adorava igualmente as noitadas que não terminavam antes da uma ou das duas horas da madrugada. "O homem só mostra sua verdadeira face após o horário comercial", costumava dizer. De havia muito, trocara os inferninhos por bares como o Brahma, na esquina das avenidas Ipiranga e São João, o Arpège e o Barbazul, na avenida São Luís, e o do hotel Comodoro, na avenida Duque de Caxias, até se fixar no Clubinho, do qual tinha a carteira de sócio número 614.

Palma acabou se cansando desse tipo de vida. Era uísque, finalô e picadinho quase toda noite. Pessoas que bebiam demais e diziam inconveniências, conversas enfadonhas que se repetiam. Havia outros problemas. Marcos estava infeliz na Norton, agência de publicidade onde passara a trabalhar, e queixava-se sem parar da falta de tempo para escrever.

De mais a mais, Marcos não se desgrudava de Mário. Naturalmente, ela entendia a amizade dos irmãos, a gratidão, a admiração recíproca, as afinidades entre eles. Achava, porém, que precisava impor um limite. Afinal, ele se casara com quem? Ela se lembrava que os dois irmãos haviam se separado uma única vez. Em 1964, logo após o golpe militar, Mário precisou fugir para escapar da prisão. Um mês antes da queda do presidente João Goulart, ele fora nomeado delegado em São Paulo da Superintendência da Reforma Agrária (Supra). Procurado como subversivo, escondeu-se em vários lugares. Foi um período muito difícil na vida de Mário, que ficou deprimido e ameaçou se suicidar. Marcos quase entrou em pânico e, mesmo sem ter atividades políticas, resolveu circular menos nas semanas seguintes.

Quando Mário começou aos poucos a retomar sua vida, os irmãos reiniciaram a velha rotina. Às vezes faziam loucuras inacreditáveis. O advogado José Roberto Melhem, contemporâneo de ambos no Clubinho, lembraria de uma viagem dos irmãos Donato ao Rio de Janeiro, onde teriam uma reunião numa agência de publicidade. Mário foi dirigindo seu Pontiac. Levavam, além da bagagem, um litro de uísque. Na via Dutra, esvaziaram metade da garrafa. Por um milagre, chegaram ilesos.

Em 1966, Palma entendeu que era o momento de agir.

— O que você quer, Marcos?

— Escrever meus livros, Palma.

— Pois escreva, homem!

— Você sabe que não tem sido fácil. A agência me consome.

— A agência e a noite. Você tem que deixar as duas.

— A publicidade? De que jeito? Como vamos viver?

— Eu vou resolver isso já. Onde foi mesmo que coloquei os documentos do Gordini? Ah, estão ali na gaveta.

Meses após o casamento, Marcos dera um Renault Dauphine usado para Palma. O Dauphine era um automóvel frágil e sem potência. Tinha fama tão ruim que ganhou o apelido de Leite Glória ("Dissolve sem bater"). O deles, para piorar, estava em mau estado de conservação e, numa viagem a Santos, o motor fundiu na Serra do Mar. Para substituí-lo, Marcos comprara um Gordini zero-quilômetro, versão melhorada, mais potente e mais resistente que o Dauphine. Palma, que detestava andar de ônibus, sentia orgulho de dirigi-lo. O marido, péssimo motorista — a insensibilidade nos pés o levava a acelerar perigosamente —, continuou indo trabalhar de táxi, acomodado no banco traseiro. Mas ela estava decidida. Foi a uma agência de automóveis da alameda Barão de Limeira, rua em que moravam, e vendeu o carro. Recebeu o pagamento em dinheiro vivo, o equivalente a um carro popular novo, com um pequeno deságio. Ao voltar ao apartamento, abriu a bolsa e espalhou as notas em cima da cama.

— Pronto, Marcos. Aqui está o suficiente para vivermos por uns bons meses. Pode largar o emprego e escrever seu livro.

Marcos beijou-a agradecido e deu um grito de alegria. No dia seguinte, depois de entregar a carta de demissão e despedir-se dos chefes e colegas, lembrou-se da lenda do gênio libertado da lâmpada maravilhosa por Aladim. E saiu berrando pela rua:

— *Free! Free! Free!*

25. Os cento e tantos dias

Livre da agência, Marcos enfurnou-se no apartamento da Barão de Limeira e adotou uma rotina de escritor profissional. Acordava às 8h30, tomava café na cama, lendo jornal — hábito que não abandonaria mais —, e, após o banho, escrevia até Palma chamá-lo para o almoço. O trabalho era reiniciado às duas e meia da tarde e não terminava antes das nove horas da noite. Assim, pôde concluir em três meses o livro de contos *O enterro da cafetina*. Seria uma de suas obras mais bem-sucedidas, pela qual recebeu em 1968 o Prêmio Jabuti, oferecido pela Câmara Brasileira do Livro. Naquele ano, junto com Marcos, que venceu na categoria destinada a contos, novelas e crônicas, ganharam o prêmio o romancista Bernardo Élis (*O tronco*) e o poeta Carlos Drummond de Andrade (*Versiprosa*). Algumas das histórias reunidas no volume já estavam prontas, mas ele retocou várias delas e escreveu mais duas a pedido do editor Ênio Silveira, que publicou o livro pela Civilização Brasileira.

Em um dos contos, "Noites de pêndulo", "diário de um ébrio em dias de inflação, crise, lágrimas e convulsão social", ele fez por meio do personagem central — que, entre outras coincidências, tinha o mesmo signo de Marcos — duas referências indiretas à moléstia que sofreu:

> Pertenço ao fabuloso signo de Aquário, que já deu muitos gênios à humanidade. Os aquarianos são cultos, sensíveis e vingativos. Infelizmente são vítimas de doenças infecciosas e de mortes violentas. [...] Diz ainda o horóscopo que uma

vez ou outra os aquarianos podem ser encarcerados, o que me enche de preocupação.

Na introdução do livro, ele explica com a habitual verve sua paixão pela noite, que havia abandonado, ao menos por uns tempos, justamente para escrever a respeito dela.

São histórias noturnas, vividas por pessoas pouco amantes do sol e do ar puro. Parece coisa provada que o sol, além de causar perigosas queimaduras na pele, torna as pessoas preguiçosas e irritadiças. Vejam vocês os boêmios. São criaturas de boa índole, mentalmente muito ativas e, talvez porque não tomem sol, resistem melhor ao álcool e ao sono. Se o sol de fato fizesse tanto bem, como apregoam certos médicos apressados, a África seria o centro da civilização e estaria coberta de chaminés. Quanto ao ar puro, posso informar que as boates substituem-no com êxito pelos aparelhos de ar-condicionado, quase todos de excelente fabricação norte-americana. Alguns injetam no ambiente essências odoríficas, o que estimula o romance quando um piano saudosista colabora com "La vie en rose".

Os personagens deste livro, como foi dito, são de circulação noturna. Por favor, não os confundam com guardas-noturnos. Esses são profissionais e todos eles odeiam a noite. Não são também pessoas que sofrem de insônia, sempre às voltas com suas pílulas. Quero que fique bem claro: são homens e mulheres que param nos bares, restaurantes, inferninhos, cabarés, boates e em certas casas onde tudo se tolera. São boêmios por vocação ou por erro de educação, por dor-de-cotovelo ou por excesso, por vagabundagem ou paixão à sociologia.

Quando mandou os originais para Ênio Silveira, Marcos se deu conta de que o dinheiro da venda do Gordini chegava ao fim. Ele já estava escrevendo o romance *Memórias de um gigolô*, que lhe daria prestígio e seria uma boa fonte de renda. Mas isso só aconteceria alguns anos depois, com a venda de várias edições, de traduções publicadas em seis países — Estados Unidos,

Alemanha, Canadá, Espanha, Finlândia e Argentina — e da adaptação para o cinema e para uma minissérie da Rede Globo. *O enterro da cafetina* também seria filmado. Por enquanto, contra sua vontade, ele teria que se virar novamente fora da literatura. Marcos não sabia bem por onde caminhar. Tentaria outra vez o rádio, do qual havia se afastado fazia tanto tempo e que não levava mais ao ar novelas e adaptações de peças, contos e romances? A televisão, com seu ambiente competitivo em que não se sentia à vontade? A publicidade, na qual via a sugadora de seu talento? O teatro? O cinema?

Sem ter uma resposta, voltou a circular durante o dia pelos bares do Centro da cidade. Ali encontrava escritores, publicitários, atores, gente do rádio e da TV, jornalistas, enfim, pessoas em condições de ajudá-lo a conseguir uma ocupação com a qual, assim esperava, poderia conciliar sua razão de ser: a atividade de escritor. Nos anos 60, muitos deles freqüentavam uma casa de perfil parisiense, misto de restaurante, bar e café com mesinhas na calçada. Chamava-se, por sinal, Paribar. Ficaria aberta até setembro de 1983, na praça Dom José Gaspar, com vista para os fundos da Biblioteca Mário de Andrade. Parte de sua clientela ia também ao Clubinho e alguns fregueses eram sobreviventes do Nick Bar.

Cada vez que entrava no desvio profissional, Marcos aparecia por lá. "A sede tem muito a ver com o desemprego", explicaria. Apesar das dificuldades que enfrentava, ele se sentia à vontade naquele ambiente. Um dos episódios que mais gostava de rememorar era o do bêbado que ele e Mário Donato viram sair do Paribar e, cambaleante, gritava com o dedo apontado para o busto de Mário de Andrade, plantado nos jardins da praça: "Eu comi esse cara! Eu comi esse cara!". Se havia uma sessão de autógrafos, Marcos não deixava de comparecer à Livraria Teixeira, a poucos passos do Paribar, para beber de graça. "Costumava ficar à porta do fundo da livraria, estrategicamente na passagem obrigatória dos garçons."

Marcos recriou o Paribar como cenário de um de seus contos, "O bar dos cento e tantos dias" (publicado originalmente em *Soy loco por ti, América*, de 1978). Nesse texto de sabor confessional, ele narra as angústias de um escritor, roteirista e publicitário em busca de trabalho, qualquer trabalho, no que é ajudado por Lorca, um de seus personagens preferidos, que faria renascer no romance *Esta noite ou nunca*, e em novos contos e crônicas. Marcos definiu Lorca para o amigo Humberto Mariotti como a síntese de diversos tipos humanos que conheceu em agências de publicidade. Estavam sempre atrás de uma tarefa avulsa que os ajudasse a pagar o aluguel. Bebiam muito, fumavam maconha e carregavam no bolso pastilhas de hortelã para disfarçar o hálito. Eram solidários com os companheiros de infortúnio. "Única pessoa de quem eu podia esperar compreensão, apoio e mesmo piedade", "o melhor amigo daqueles dias", Lorca usava terno cinzento com grossas listras pretas, camisa "azul-severo" de colarinho arredondado, sapatos muito pretos, brilhantes e pontudos, tudo fora de moda. Depois de arrumar um emprego — para o protagonista da história, ou seja, Marcos, não para ele, Lorca —, acabaria morrendo atropelado ao atravessar, metros adiante, a avenida São Luís.

No círculo boêmio de Marcos, o jornalista, crítico de arte, pintor e escritor Arnaldo Pedroso d'Horta, um dos *habitués* do Paribar, teria na vida real o mesmo destino trágico desse personagem. Arnaldo morreu em 29 de dezembro de 1973, aos 59 anos, dez dias depois de ser atropelado na rua Bento Freitas enquanto procurava um táxi numa noite chuvosa, à saída do Clube dos Amigos do MAM, espécie de concorrente do Clube dos Amigos da Arte, o Clubinho.

No conto, Lorca afirmava que, daquelas mesas, com um pouco de concentração e paciência, se podiam ver até os mortos passarem. "Exagero, pois vi somente três", escreveu Marcos. Ele deve ter pensado, em primeiro lugar, na figura mais marcante da história do Paribar: o escritor Sérgio Milliet, que durante sete anos foi o ocupante cativo de uma de suas mesas, a número 5, no salão interno.* Costumava dividi-la com amigos como os pintores Rebolo Gonsales e Flávio de Carvalho, o cineasta Lima Barreto, diretor de *O cangaceiro*, a atriz Ruth de Souza e o cronista Luís Martins. "Ser cumprimentado por Milliet justificava o preço elevado das bebidas", diria Marcos, que eventualmente se aproximava de sua roda para uma conversa fiada.

Crítico de arte e tradutor de inúmeros livros de Jean-Paul Sartre, Simone de Beauvoir e André Gide, Milliet era considerado não apenas um herdeiro intelectual de Mário de Andrade, com quem conviveu, mas também uma espécie de ponte entre os modernistas de 1922 e as novas gerações de artistas e escritores paulistas. Suas críticas, de tão numerosas, foram reunidas em dez volumes. Fora de sua corte, tinha fama de esnobe. Cultivava um bigodinho e gostava de enfeitar o bolso superior do paletó com um um lenço branco. Dizia-se que raciocinava em francês, língua na qual escreveu seus primeiros livros. Em sua juventude na Suíça, onde estudou, aproximou-se de vários escritores, entre os quais o francês Romain Rolland e o austríaco Stefan Zweig. Como diretor artístico do MAM, do qual foi um dos fundadores, ajudou a organizar sob o comando do industrial Francisco Matarazzo Sobrinho, o Ciccillo, três das quatro primeiras Bienais de Arte de São Paulo. Para a segunda, em 1953, foram trazidas obras importantes do cubismo, entre elas quadros de Georges Braque, Juan Gris e Fernand Léger, além de oitenta — sim, oitenta — originais de Pablo Picasso, incluindo *Guernica*.

Milliet estava agora aposentado como funcionário da Biblioteca Municipal Mário de Andrade, que dirigira por dezesseis anos e à qual doara todos os seus livros. Os que o reverenciavam na mesa 5 sabiam que ele carregava uma mágoa. Quando

---

* Lisbeth Rebollo Gonçalves, *Sérgio Milliet, crítico de arte*, 1992.

deixou o cargo, haviam lhe reservado uma sala privativa no próprio prédio da biblioteca, inaugurado em sua gestão. Ele ficou feliz e envaidecido com a homenagem, mas o privilégio não durou. A administração que o sucedeu decidiu desalojá-lo. Separado de Lourdes Duarte, irmã do jornalista e escritor Paulo Duarte, e sem nunca ter se recuperado da perda do único filho, Paulo Sérgio, que morreu de tuberculose aos dezenove anos, em 1949, Milliet transformou então o Paribar em lar e escritório. No dia em que ele sofreu um enfarte fatal, 9 de novembro de 1966, aos 68 anos, Luís Martins e o jovem poeta Carlos Soulié do Amaral foram à sua casa, na rua Apa, em Campos Elísios, para escolher a roupa com que seria enterrado o grande intelectual que tanto marcara a vida cultural de São Paulo. Descobriram que ele nada mais possuía, exceto três paletós, três calças e meia dúzia de camisas.

Localizava-se no prédio ao lado do Paribar a delegacia regional da Superintendência Nacional do Abastecimento (Sunab), onde trabalhava o compositor Geraldo Vandré, cuja música "Disparada" dividiria naquele ano com "A banda", de Chico Buarque, o primeiro lugar no II Festival da MPB da TV Record. Na praça da República, funcionavam os escritórios da Gessy Lever, onde trabalhava, de paletó azul e gravata fina, o também compositor Gilberto Gil. Poetas como o louro catarinense Lindolfo Bell e o barbudo Álvaro Alves de Faria ainda iam ao Ferro's Bar, na rua Martinho Prado, que não demoraria a virar um reduto de lésbicas.

Ao perambular pelas imediações, Marcos cruzava com o escritor Caio Prado Júnior, que passava a maior parte do dia escrevendo em seu gabinete da Livraria Brasiliense, fundada por ele em 1943 na Barão de Itapetininga. Nessa rua, reinava o poeta Guilherme de Almeida. Empertigado em seu 1,60 metro, ternos impecavelmente passados e brilhantina nos cabelos, Guilherme parecia cuidar tão bem do vinco das calças, segundo os admiradores, quanto das palavras de seus versos. Ele mantinha um pequeno escritório no número 262, o Edifício da Paz, em cujo primeiro andar funcionava a Confeitaria Vienense, na qual se tomava chá ao som de um conjunto de cordas. Era, segundo Marcos, com seus móveis escuros, lustres pesados e o bar revestido de mármore, "um dos últimos redutos da *belle époque* no hemisfério". Um grupo de intelectuais católicos reunia-se ao entardecer na Livraria Agir, igualmente vizinha. Dele faziam parte o historiador Brasil Bandechi, o escritor Carlos Pinto Alves e o crítico José Geraldo Nogueira Moutinho, que se gabava de, anos antes, haver seduzido uma suposta princesa francesa, cujo nome ninguém sabia.

As caminhadas de Marcos pelo Centro em busca de emprego e contatos muitas vezes terminavam no prédio dos Diários Associados, na rua Sete de Abril. Bem na frente dele ficava o restaurante Costa do Sol, especializado em comida brasileira. Ele entrava para tomar café no balcão, comer sua afamada coxinha de galinha e conversar. Marcos não era um Sérgio Milliet nem um Guilherme de Almeida, com suas legiões de discípulos, mas candidatos a escritor muitas vezes iam procurá-lo em busca de conselhos. Marcos, embora preocupado com os credores e a conta bancária que minguava, sentia prazer em orientá-los. Ali, certa vez, Soulié do Amaral mostrou-lhe alguns versos.

— Cuidado com o formalismo — disse Marcos depois de ler. — O formalismo é um perigo.

— Por quê? — perguntou-lhe o poeta.

— O formalismo engessa. Aprenda o que é, depois caia fora. Estude, mas não se deixe engessar.

"Para quem, nos seus vinte anos, pretendia reformar o mundo, o conselho fazia pensar", recordaria Soulié do Amaral. "Ele me ensinou que era preciso dominar a técnica antes de criar, sem ficar amarrado nas formas."

Em 1968, naquele trecho da região central de São Paulo, depois de mais uma peregrinação inútil pelo Paribar e pelo Costa do Sol, Marcos reviu um velho conhecido, o ator Fúlvio Stefanini. Desempregado, Fúlvio pretendia ir aos estúdios da TV Excelsior, na Vila Guilherme. Ele já fizera algumas novelas na emissora e atuara como garoto-propaganda nos programas musicais apresentados pela atriz Bibi Ferreira. Que tal se fossem juntos até lá para oferecer seus serviços?

26. TV DAS ILUSÕES

A visita à TV Excelsior foi bem-sucedida. Fúlvio voltou a ser encaixado no elenco da casa, e para Marcos ofereceram uma vaga no departamento de divulgação. Suas tarefas consistiriam em preparar para a imprensa textos sobre os programas, sinopses de novelas e pequenos perfis dos atores contratados. Não era o que ele queria, mas aceitou. Precisava desesperadamente de emprego. Enquanto não aparecesse coisa melhor, pelo menos teria um meio de sobrevivência. Ficou seis meses no cargo. Logo recebeu um convite interno mais interessante: escrever uma telenovela curta, com vinte capítulos, no gênero policial. Ela se chamaria *Os Tigres*. Reservou um dos papéis para Fúlvio. A Excelsior pôs o programa no ar naquele ano de 1968, mas o formato, semelhante às futuras minisséries da Globo, revelou-se um fracasso. Apesar disso, serviu para que Marcos reiniciasse sua carreira de autor de televisão, veículo em que atuaria, com vários intervalos, até 1985.

Ele escrevera para a própria Excelsior a novela *O Grande Segredo* (1967), com Tarcísio Meira e Glória Menezes. Depois de *Os Tigres*, faria mais sete: *Super Plá*, em parceria com Bráulio Pedroso (Tupi, 1969-70); *Mais Forte que o Ódio* (Excelsior, 1970); *O Signo da Esperança* (Tupi, 1972); *O Príncipe e o Mendigo* (Record, 1972); *Cuca Legal* (Globo, 1975); *A Moreninha* (Globo, 1975-6); e *Tchan!, a Grande Sacada* (Tupi, 1976-7). A televisão nunca foi para Marcos uma fonte de realização profissional. Ele a considerava, como a publicidade, apenas um meio de ganhar dinheiro. E mais uma vez sentia que, no meio intelectual, seu trabalho era olhado com desdém, quem sabe uma ponta de inveja. "Muitos desses escritores, classudos, que torcem o nariz ao sucesso, e que aparentemente adoram o fracasso dos incompreendidos, vivem circulando pelos corredores das emissoras, sinopses de novela debaixo do braço, na esperança de vender seu peixe", diria. "Mas não há preconceito que resista a um ótimo salário nem ao prazer democrático de ser discutido na feira."

Ele detestava o ambiente de televisão, ao contrário do rádio, meio em que fez amizades. "A televisão exige presença contínua, principalmente nos corredores e outras áreas políticas, onde circulam os habituais puxadores de tapete, gente de caráter fraco, mas de incrível força nos dedos das mãos", afirmava. Por isso, evitava ir às emissoras. Escrevia em casa e tratava de resolver por telefone os problemas que apareciam. Palma começou a ficar preocupada. A televisão podia não ser o sonho de Marcos, mas lhe pagava bem e permitiu que se mudassem para um apartamento maior, alugado, com terraço amplo, em um prédio de quatro andares na avenida Pompéia, 1880. Tinham até espaço de sobra para criar a cachorra Virgínia Ebony Spots, à qual se apegou e que fez companhia ao casal durante doze anos. Ele a definia como "um ser humano da raça dálmata".

— Marcos, você tem que se enturmar um pouco — dizia Palma.

— Mas como? Esse pessoal da televisão não gosta de mim.

— Isso a gente muda. Você precisa conviver de vez em quando com eles. Do contrário, não irão te aceitar.

— Na televisão eu não vou. Lá está cheio de mau-caráter.

— Tudo bem, vamos convidá-los para vir aqui.

Ela começou então a organizar reuniões no apartamento aos sábados à noite, com uísque e salgadinhos. John Herbert, Joana Fomm, Etty Frazer, Georgia Gomide, Nicete Bruno, Paulo Goulart, Luís Gustavo, Dionísio Azevedo, Ferreira Neto, Fúlvio Stefanini, Carlos Zara e outros profissionais da

TV figuravam entre os convidados. Mário Donato também ia. Quando a conversa dos atores o aborrecia, Marcos ficava em um canto, trocando figurinhas com o irmão. A exemplo do que ocorria em outros ambientes, todos se impressionavam com sua cultura literária e achavam engraçados os casos que ele contava sobre a época de ouro do rádio paulista. Em certas noites, Etty e Mário recitavam poemas. Marcos, após o terceiro uísque, gostava de declamar poesias de Bocage, provocando gargalhadas, e também de Manuel Bandeira e Carlos Drummond de Andrade. Uma das que sabia de cor era o "Poema de sete faces", de Drummond. Dava ênfase dramática nos versos finais e arrancava aplausos:

> Eu não devia te dizer
> mas essa lua
> mas esse conhaque
> botam a gente comovido como o diabo.

A iniciativa de Palma funcionou. No período em que escreveu telenovelas, Marcos fez camaradagem com vários atores e diretores, ganhou dinheiro e seu nome passou a ter uma visibilidade que a literatura não lhe proporcionava. O preço que pagou, no entanto, foi alto. Inteiramente absorvido pela obrigação de entregar um capítulo por dia, meses a fio, deixou de lado os contos e romances. Durante quase dez anos, entre 1968 e 1977, não publicou um único livro. "Perdi muito tempo na televisão", concluiria, arrependido. "Pensando que ela me daria meios para sobreviver na literatura, fui me iludindo e me deixando iludir. O problema é que a gente acha que, entrando na TV, vai mudar todo o esquema. Bobagem: ela é que muda a gente."*

Um de seus maiores aborrecimentos foi no período em que escreveu *A Moreninha* para a Globo. Mais do que adaptar

---

* Entrevista a Evelyn Schulke, no *Jornal da Tarde*.

o açucarado romance de Joaquim Manuel de Macedo para o horário das seis, ele gabava-se de haver recriado toda a trama original. No começo, tudo parecia ir muito bem. Ficou ainda mais convencido de que acertara a mão quando o romancista Jorge Amado, com quem às vezes se correspondia, mandou-lhe uma carta para dizer que ele e sua mulher, a escritora Zélia Gattai, como telespectadores eventuais, consideraram ótimo o resultado. Mas as coisas logo se complicaram. Foram tantas as mudanças no texto que Carolina, a personagem principal, interpretada por Nívea Maria, acabou aparecendo menos do que desejava o diretor Herval Rossano. Herval, que namorava a atriz, ligou para reclamar. Segundo Palma, ele e Marcos tiveram uma discussão pesada ao telefone. Herval desmente que tenha acontecido esse bate-boca, mas o fato é que, ao entregar o 79º e último capítulo da história, Marcos resolveu que nunca mais escreveria uma novela. Sentia-se esgotado com a carga de trabalho e as pressões. Ainda faria *Tchan!, a Grande Sacada*, para a Tupi, e depois dela desistiria de vez.

Ele só voltaria à Globo em 1978, a convite do diretor Edwaldo Pacote, para ser um dos roteiristas do inesgotável programa infantil *Sítio do Picapau Amarelo*, junto com Geraldo Casé, Wilson Rocha e Sylvan Paezzo. Participou dessa série até 1985, reinventando as histórias de Monteiro Lobato, sem se queixar. Não se ocupava com isso o tempo inteiro, mesmo porque os autores se revezavam, o que abria brechas em sua agenda para a literatura. Embora ainda não fosse o ideal, reconhecia que a situação melhorara muito em relação à época das telenovelas, quando as únicas coisas que produziu, entre uma e outra, foram umas poucas peças de teatro. Não guardou os originais dessas peças, pois as julgava sem valor. Exceto uma, que para ele seria "completamente plagiada" por um dos maiores e mais censurados dramaturgos brasileiros, símbolo da resistência nos palcos à ditadura militar — Oduvaldo Vianna Filho, o Vianinha.

27. De quem é mesmo esta peça?

A pequena lista de peças escritas por Marcos — cujo interesse pelo teatro vinha dos tempos do sanatório Padre Bento — inclui *Os parceiros* (*Faça uma cara inteligente e depois pode voltar ao normal*, 1977), que foi traduzida para o espanhol e permaneceu alguns meses em cartaz em Montevidéu, pois um empresário comprou seus direitos e resolveu montá-la na capital uruguaia; *A noite mais quente do ano* (inédita), *A próxima vítima* (1967), encenada com Maria Della Costa no papel principal 28 anos antes que a Globo levasse ao ar uma novela das oito com esse mesmo título, de Sílvio de Abreu; e *Living e w.c.* (1972). Só esta, na opinião de Marcos, mereceria sobreviver. É uma comédia escrachada em torno de um publicitário desempregado que vai morar em um imenso edifício de quitinetes, inspirado em um pombal da rua Paim, no bairro paulistano do Bixiga, conhecido como "Treme-treme". O protagonista cruza com tipos curiosos nos corredores do prédio: uma jovem pela qual ele se apaixona e que está sendo preparada pela tia para ingressar na prostituição; um gigolô, que a agenciaria; uma vedete gordíssima em luta para perder quarenta quilos; e um mágico obrigado a comer as próprias pombas utilizadas em seus números para não morrer de fome.

Living e w.c. nunca foi encenada, embora Marcos tenha conversado sobre uma possível montagem com o produtor Carlos Imperial. Em 1972, ele vendeu os direitos para o cinema ao diretor e produtor Pedro Carlos Rovai. O roteiro do filme, que ganharia o nome de *Ainda agarro esta vizinha* e seria lançado em

1974, foi elaborado a quatro mãos pelos dramaturgos Oduvaldo Vianna Filho, o Vianinha, e Armando Costa. Vianinha e Costa realizaram vários trabalhos em parceria desde os tempos em que participaram juntos, nos anos 60, do Centro Popular de Cultura da União Nacional dos Estudantes, o histórico CPC da UNE, e do Teatro Opinião, que fundaram com os escritores Paulo Pontes e Ferreira Gullar.

Militante do Partido Comunista Brasileiro (PCB), Vianinha escreveu uma extensa obra teatral. Entre suas peças mais conhecidas estão *Chapetuba Futebol Clube* (1959), *A mais-valia vai acabar, seu Edgar* (1961), *Corpo a corpo* (1970) e *Rasga coração* (1974). Considerada sua obra-prima, *Rasga coração*, cujo personagem principal é um veterano quadro do PCB em conflito com o filho, seria vetada pela censura da ditadura militar e só chegaria aos palcos em 1979, cinco anos depois da morte de Vianinha. Nem tudo o que ele fez, porém, era tão engajado assim. Na TV Globo, durante vários anos, foi roteirista de programas como *A Grande Família* e *Caso Especial*. Como Marcos, tantas vezes criticado por causa disso, Vianinha também incursionou pelo terreno do entretenimento sem compromisso. Antes de *Ainda agarro esta vizinha*, ele já atendera encomendas de produtores de pornochanchadas, como o humorista Chico Anysio, para quem criou o episódio "O torneio" do filme *O doce esporte do sexo* (1971), dirigido por Zelito Vianna — seu companheiro de lutas na esquerda e irmão de Chico. Trata de um campeonato de virilidade disputado por duas cidades interioranas e do qual se sai vencedor um japonês insaciável.

Um dos grandes êxitos de bilheteria da carreira de Vianinha seria a peça *Allegro desbundaccio*, título alterado, por problemas com a censura, para *Allegro desbum* (1973). Ao tomar conhecimento do texto, Marcos ficou indignado. Entendeu que era "uma versão carioca" de *Living e w.c.*, baseada na mesma história, com personagens bastante semelhantes. Marcos escreveu a Vianinha para protestar e tentar algum tipo de acordo. Vianinha não aceitou seus argumentos. Nas cartas que trocaram, que não vieram a público, nenhum dos dois teve o cuidado de empregar termos protocolares como "prezado", "caro", "atenciosamente" ou "um abraço". Iniciou-se então uma escaramuça verbal em que o tom, dos dois lados, não demorou a passar da ironia à agressividade:

São Paulo, 8 de junho de 1973

Sr. Oduvaldo Vianna Filho:

Acabo de ler com interesse *Allegro desbundaccio*, sua versão carioca de minha peça *Living e w.c.*, que você e Armando Costa roteirizaram para a Sincro Filmes, de Pedro Rovai. Disse versão carioca, como se disse que *Sweet Charity* é uma versão americana da italianíssima *Noites de Cabíria*; uma é musical e a outra uma comédia dramática, mas contam a mesma história. Neste caso também se conta a mesma história: um publicitário, homem de certa forma intelectualizado, vai viver num treme-treme, e acaba gamado pela filha ou sobrinha duma vizinha, mulher alcoólatra e desmiolada, que acaba empurrando-a para as mãos de um cáften. Em ambas as peças, a nervura, o fio da história, a estrutura é a mesma. Tanto assim que, por intermédio do Rovai, você e seu parceiro [Armando Costa] me fizeram uma sondagem. Como, na ocasião, a peça estava para ser encenada, não pude aceitar nenhum acordo, por uma questão de honestidade para com o produtor. Diante de minha negativa, soube pelo Rovai que o plano havia sido abandonado.

Meses depois, quando outro produtor se interessava pela peça, o Rovai me telefonou informando que sua adaptação já estava pronta, e que eu devia procurar entrar em contato com vocês urgentemente. Foi o que fiz, ligando para Armando Costa. Seu parceiro confirmou que a peça estava pronta, e que inclusive já passara pela censura, mas que vocês estavam dispostos a entrar num *acordo comigo*. Falamos, inclusive, em minha ida ao Rio e no fechamento dum contrato no SBAT [atual Sociedade Brasileira de Autores]. Dois dias mais tarde, em novo telefonema, Armando Costa já não se mostrou tão cordato. Argumentando que sua peça já era muito diferente da minha, e falando certamente também em seu nome, negou-se a firmar qualquer acordo. Negou-se até a fazer obrigatoriamente qualquer menção de minha peça no programa teatral. A seu ver, se as duas peças fossem exibidas em teatros vizinhos, poucos espectadores notariam a semelhança. Pode ser. Mas acontece, Vianna, que isso não vai acontecer. Minha peça vai ser encenada muito depois. E então será apontada, com toda a certeza, como uma contrafação da sua, uma versão paulista, um plágio disfarçado. E a crítica terá razão, pois até um dentista existe nas duas, sendo na sua um protético, que é homossexual como o meu do Bixiga, e que faz mágicas como o mágico de *Living e w.c.* É verdade que meu publicitário está desempregado enquanto o seu abandonou o emprego, o que dá quase na mesma. Por outro lado, Oduvaldo Vianna é um nome consagrado no teatro, desde o pai, que foi meu amigo, enquanto eu sou bissexto do teatro, sem trânsito no meio.

Como se vê, não se trata de pleitear uma porcentagem nos lucros. Sempre fui um péssimo comerciante. Quero é defender meus direitos, a possibilidade de encenar minha peça um dia. Já no passado, uma emissora de grande audiência lançou um quadro humorístico baseado noutro de minha autoria, transmitido numa estação local e sem índices. O resultado é fácil de imaginar: tive de retirar o meu do ar correndo, já tido como plagiário pelos próprios colegas.

Disse também (Armando Costa no telefonema) que o *Allegro* não foi baseado na minha peça, mas no roteiro cinematográfico. Ora! E o roteiro foi baseado em quê? Estaremos diante dum caso único em que o roteiro não foi baseado no argumento? E existiria a sua peça, se não existisse a minha? Vocês não ficaram trabalhando durante semanas em cima dela?

Quanto ao clima, ao desenvolvimento, está certo. O estilo é seu. Muito criativo. Mas tudo se simplifica quando se trabalha sobre um tema já existente. Se eu fosse um autor já falecido, ainda vá lá... Mas vocês se inspiraram numa peça inédita e de um autor que tem uma linha já explorada em seus livros e filmes, conhecida de um determinado público. Fizeram uma hábil variação sobre um tema, mas se contaram uma história, contaram a minha.

Acho, Oduvaldo, pensando na situação chata do Rovai, que ainda é tempo de fazermos sei lá que acordo, para que eu não seja prejudicado e para que ninguém o fique. Pense nisso, você e o Armando Costa. Mas, se desejarem manter a mesma opinião, sem retroceder um centímetro, aí não precisa me responder nada, não se dê a esse trabalho, pois conheço, através do Armando Costa, perfeitamente, os seus argumentos.

Edmundo Donato
(Marcos Rey)

A longa resposta de Vianinha foi dada três semanas depois.

Guanabara, 29 de junho de 1973

Sr. Marcos Rey

Só agora, dia 29 de junho, posso responder sua carta datada do dia 8, recebida ontem, dia 28. Sua carta deve ter sido trazida para o Rio, a pé, por um carteiro.

Leio com satisfação que o senhor leu com interesse minha peça *Allegro desbundaccio*, porém classificada pelo senhor como versão carioca de uma peça de sua autoria, *Living e w.c.*, peça que eu só li uma vez na vida, rapidamente, para tomar conhecimento de que tipo de filme queria fazer Pedro Rovai. Durante os quatro meses de elaboração do roteiro de *Living e w.c.*, nem eu nem Armando Costa voltamos a ler o seu trabalho. Não é só por esse motivo que não aceito a sua classificação de "versão carioca" para *Allegro*; é porque — ao contrário de Agnaldo Timóteo — não faço versões; escrevo somente peças pessoais, originais, preocupadas em conhecer e descobrir determinados tipos de comportamentos da minha época, a luta do homem por descobrir seu destino histórico, sua situação histórica. Para tentar fazer isso, há dezesseis anos, estudo, reestudo, penso, escrevo, treino as técnicas de dramaturgia. Sou um dramaturgo profissional.

Minha experiência como teatrólogo profissional afirma que o fundamental numa peça para adultos não é a trama, o enredo — é o tratamento desse enredo, o sentido, o desenho dramático que se consegue próximo ou não da realidade. O que importa numa peça para adultos é o volume de conhecimento sensível e artístico que se extrai do tema. O *São Francisco de Assis* de Portinari é facilmente distinguível do de Giotto. Eu escrevi uma peça que desenvolve a dramaticidade da seguinte situação: *um homem larga 20 milhões de cruzeiros por mês de ordenado e se apaixona por uma menina cujo sonho é casar com um homem que ganhe 20 milhões de cruzeiros por mês.* Isso não tem nada que ver com sua peça. Tenho certeza. É um problema que me preocupa muito tematicamente: as pessoas largando a civilização e outras querendo entrar nela a soco. É um problema que estamos vivendo, constante, que faz parte da minha obra teatral. Sobre isso já escrevi *Corpo a corpo*, *Longa noite de cristal* e estou escrevendo agora *Rasga coração*. Essa temática acho que é minha característica, como a observação da inércia, o humor e o desgosto da inércia fazem parte de sua obra, que fixa o marginal de *bas-fond*. Desculpe-me se faço alguns erros de avaliação do seu trabalho — falo me apoiando somente em *Living e w.c.* e em *O enterro da cafetina*.

Acho que é essa temática que distingue criadoramente os dois trabalhos.

Na minha opinião, já o filme *Living e w.c.* nada tem a ver com a peça *Living e w.c.* Realmente, Armando e eu partimos para uma criação quase completa em torno de alguns pontos que Rovai queria que fossem mantidos. *Allegro desbundaccio* então, nem de longe, tem alguma coisa que ver com o filme, quanto mais com a peça. Tanto que *Allegro* vai ser montado com o filme sendo feito. E o filme pode estrear no cinema que fica ao lado do teatro em que estiver sendo montada a peça. Não haverá problemas. Quando dissemos que as duas peças podiam ser montadas em teatros contíguos, queríamos dizer que *Allegro* estava sendo escrita mesmo tendo conhecimento da próxima montagem de sua peça por Carlos Imperial. *Allegro desbundaccio* foi escrita em fevereiro e março de 1973. Na sua opinião — se as peças fossem montadas lado a lado — a sua, por bissexta, seria acusada de plagiária, de contrafacciosa

[sic]. Não é essa a minha opinião. Sua peça — por bissexta (é o senhor mesmo quem se diz bissexto em teatro) — é fraca, a crítica diria simplesmente isso — que a peça é muito fraca. Não acredito em incursões episódicas no teatro. Ele é muito mais exigente.

Também conto de maneira diferente o modo como as coisas aconteceram. Eis a minha versão. Em julho de 1972, começamos — Armando e eu — a fazer a adaptação de sua peça teatral para o Rovai. Logo depois, falamos ao mesmo Rovai sobre a possibilidade de reescrever seu trabalho para teatro (a idéia inicial era essa realmente — reescrever sua peça). Temos portanto — agosto, setembro, outubro, novembro, dezembro. Só em janeiro de 1973 o senhor tomou conhecimento da idéia? Só em janeiro de 73, quando lhe apareceu Carlos Imperial? Só em janeiro o senhor telefonou a Armando Costa, manifestando uma certa frieza por uma idéia que o senhor já conhecia há meses. Será possível que o senhor, quando viu a possibilidade da montagem de sua peça, com sua autoria exclusiva, teria se desinteressado de uma proposta feita e conduzida há meses? Eu entendi assim. Achei desagradável a atitude, apesar de entendê-la perfeitamente. Mas confesso que achei essa atitude bastante desagradável. O senhor mesmo diz que tenho prestígio no teatro, desde meu pai, portanto eu teria que me sentir desconfortável ao saber que o senhor telefonou a Armando Costa, um pouco interpelando "o que é que vocês estão pretendendo fazer com minha obra?". Senti o prestígio, que o senhor mesmo afirma que tenho, muito espezinhado; então, eu mandei um recado a Rovai, cortando definitivamente nossas nunca iniciadas relações e portanto, em fevereiro, comecei a escrever *Allegro desbundaccio*, que entra nesta história como Pilatos no Credo. *Allegro desbundaccio* — se é inspirada em algum lugar, o foi no livro de Baran e Sweezy, *Capitalismo monopolista*, da editora Zahar, um maravilhoso capítulo sobre publicidade. A publicidade me fascina um pouco, em *Corpo a corpo* o personagem do monólogo é um publicitário. *Allegro desbundaccio* passou a ser uma peça minha, integral de minha autoria, escrita por mim exclusivamente, sob encomenda de José Renato, apenas com a colaboração de Armando Costa. Rica, engraçada, inteligente, a colaboração de Armando Costa — mas apenas colaboração. O texto todo é meu, o desenvolvimento das cenas, a virulência dos personagens, das situações. Talvez tenha sido por isso que Armando Costa vacilou quando o senhor, novamente em maio, nos procurou.

Allegro desbundaccio é uma outra peça, que nada tem a ver com a peça que em agosto de 1972 propusemos ao senhor.

Por fim, desculpe escrever uma carta cujos argumentos o senhor conhece perfeitamente.

Oduvaldo Vianna Filho

Marcos escreveria de volta quase um mês mais tarde:

São Paulo, 24 de julho de 1973

Oduvaldo Vianna Filho:

Não pretendia escrever-lhe mais sobre o assunto de nossas cartas, desagradável, suponho, para ambos. Mas eu não poderia deixar de rebater alguns pontos de sua resposta e esclarecer outros definitivamente.

Disse você que leu só uma vez e rapidamente minha peça *Living e w.c.* e que os críticos diriam dela que é muito, muito fraca, opinião que evidentemente coincidiria com a sua — e que não me lembro de lhe ter solicitado. No entanto, causa-me estranheza que um trabalho tão desprezível tenha fomentado em você e Armando Costa a idéia de reescrevê-lo, quando é um autor de peças originais, pessoais como disse em sua carta. A respeito disso falou com Rovai e com o Imperial, como este me contou em sua casa da Barra. Por que esse interesse, se não é dos que levam em conta o enredo, preocupado mais com o sentido e o desenho dramático? O que a peça fraca, meramente narrativa, poderia conter para arrancar um autor de dezesseis anos de batente dos seus processos tradicionais?

Quanto à aludida frieza que demonstrei a Armando Costa pela idéia da adaptação, posso explicá-la facilmente. Soube dela, é claro, pelo Rovai, que me telefonou do Rio. Disse-lhe que nada podia responder sem antes conversar com os interessados, e pedi que lhe fornecesse o número do meu telefone. Não me opunha de forma alguma, apenas queria ter o prazer de conhecê-lo e ouvir suas sugestões. Nada mais justo, não lhe parece? Como não recebi nenhum chamado, cansei de esperar e esqueci. Mas em janeiro deste ano, estando eu no Rio, no escritório do Rovai, recebeu ele um telefonema do Armando Costa, a propósito do roteiro. Aproveitando a oportunidade, o Rovai me passou o telefone, quando tive a primeira e casual conversa com o seu colaborador. Para minha surpresa, disse-me o Armando que vocês estavam trabalhando na adaptação de minha peça para o teatro, que tudo ia às mil maravilhas, e que precisávamos conversar a respeito. Confesso que achei muito esquisito que vocês estivessem mergulhados nessa tarefa sem me consultar, sem uma simples conversa telefônica, sem um bilhete, como se vivêssemos em continentes opostos. Mesmo assim, o Armando Costa não se mostrou apressado em promover nenhum encontro. Disse que precisávamos conversar, bater um papo, tratar do assunto, num tom meio vago, sem querer amarrar nada, como se exige entre autores profissionais. Mas, como tinha que voltar para São Paulo, pedi ao seu colaborador que me telefonasse e lhe dei o número do meu telefone, há um ano já na agenda de Pedro Rovai. Mais uma vez não recebi chamado de ninguém, a não ser do próprio Rovai, me informando de que a adaptação assinada por Oduvaldo Vianna e Armando Costa estava pronta. Foi a essa altura que liguei para o Armando, querendo confirmação. E mais uma vez falou que precisávamos conversar, tratar do assunto, e tudo o mais, sem negar que o *Allegro desbundaccio* era uma adaptação, um trabalho feito sobre o *Living e w.c.*, baseado no meu enredo como é claro, límpido e evidente. Apenas dois dias depois, após um encontro com você é que ficou assentado, resolvido que uma peça nada tinha a ver com a outra.

Como vê, você não tem razão em se sentir espezinhado. Não colaborei para isso, nunca pretendi fazê-lo, e lamentaria se o tivesse feito involuntariamente. Fui parte passiva na história toda, à espera apenas de merecer dos interessados uma atenção, já que um modesto trabalho meu suscitava algum interesse. Não houve, como erroneamente afirmou em sua carta, "uma proposta feita e conduzida há meses". Repito que jamais recebi de vocês qualquer consulta ou solicitação, como seria normal e correto, tratando-se de um autor profissional como eu, que não há dezesseis mas exatamente há 32 anos vive exclusivamente de escrever. Eu, sim, teria motivo para me magoar, tratado como um escritor de província, um amador qualquer, por um desconhecido para mim como Armando Costa, e por um jovem autor como você.

Quanto ao enredo, à trama de um conto, romance ou peça teatral, só os ingênuos a desprezam, e você não está entre esses. Ninguém faz nada só com palavras ou vagas idéias. Mesmo porque um enredo sempre vem acompanhado de um cenário e de personagens — e de um desfecho. Ele é o núcleo e a estrutura. O recheio não vive sem ele, como a carne não vive sem os ossos. E você pondo ou tirando 20 mil cruzeiros mensais não conseguiu se libertar da minha história um só momento. O lamentável é que não tenha coragem para reconhecer isso, por apego ao dinheiro ou por tola vaidade.

Marcos Rey

As estocadas terminaram aí, sem que eles chegassem a uma solução. Vianinha já estava gravemente doente, com um tumor maligno no pulmão. Em seus últimos dias de vida, ditou para a mãe, do leito do Hospital Silvestre, no Rio de Janeiro, as cenas finais de *Rasga coração*. Ele morreu em 16 de julho de 1974, aos 38 anos. Marcos só escreveria mais uma peça, mas a boa bilheteria do filme *Ainda agarro esta vizinha* — 1 802 696 pessoas foram aos cinemas do Brasil inteiro para assisti-lo — iria ajudá-lo a ingressar em uma nova e rendosa etapa de sua vida profissional. A história, isso ninguém contestava, era sua. Estava lá nos créditos da fita: "Original de Marcos Rey, adaptação e roteiro de Oduvaldo Vianna Filho e Armando Costa". Produtores queriam que fizesse outras. Não demoraria muito para Marcos se transformar no mais requisitado e bem-sucedido roteirista das pornochanchadas nacionais.

28. O REI DA PORNOCHANCHADA

Durante parte dos anos 70, quase toda quinta-feira à tarde o homenzinho gorducho, com seus enormes óculos de lentes espessas, ia de táxi ou era levado por sua mulher à rua do Triunfo, no bairro paulistano da Luz, junto ao Centro da cidade. Diretores, produtores, roteiristas, fotógrafos, iluminadores, maquiadores, maquinistas, atores, atrizes e candidatos a simples figurantes espalhavam-se pelas calçadas em busca de trabalho. Para ele, não faltavam convites.

— E aí, Marcos, vamos fazer um filme?

Era a pergunta que mais ouvia. Não se tratava de uma proposta ou sondagem, mas de uma abordagem dos colegas. Se Marcos estava circulando todo pimpão pela Boca do Lixo — nome pelo qual se tornou conhecido o entorno dos quatro quarteirões da rua, na qual se concentravam as produtoras de cinema de São Paulo —, é porque devia ter se envolvido em mais um projeto. Ou seja, havia oportunidades à vista para muito mais gente. Logo o cercavam no bar e restaurante Soberano, onde a maioria daquelas pessoas fazia ponto para conversar, tomar café servido já adoçado em copinhos de vidro grosso, beber o uísque nacional Drury's ou comer um contrafilé com batatas fritas encharcadas. Queriam saber que roteiro preparava no momento. Ele escreveria 32. Alguns poucos morreram na gaveta dos produtores que os encomendaram, mas a maioria foi filmada — e fez sucesso.

Escolado com o patrulhamento que sofrera por atuar no rádio, na televisão e na publicidade, o Marcos cinquentão achava mais prudente não espalhar nos meios intelectuais e literários que se estabelecera nesse ramo — a pornochanchada. Não escondia, mas se não tocassem no assunto, ficava quieto. Nas entrevistas que dava, procurava passar por cima de suas incursões em tal atividade. Só a assumiu de vez dois anos antes de morrer, em uma crônica escrita para *Veja São Paulo*, revista em que publicou 175 textos entre 1992 e 1999, sempre na última página.

Vou fazer uma confidência, leitores.

— Não conte aquilo — brada minha mulher, aqui ao lado.

— Por quê? Eu não me envergonho.

— Pois devia.

— Eu estava desempregado, lembra? Foi minha salvação, ingrata.

— Então conte. Mas sem euforia, tá?

Fui nada mais nada menos que o rei da pornochanchada. Este mesmo senhor, de cabelos brancos, que vos fala. No eixo São Paulo—Rio de Janeiro, escrevi mais de trinta roteiros, dos mais apimentados, que deram imenso trabalho à Censura. Quem quisesse encontrar-me no meio dos anos 70 bastaria passar pela rua do Triunfo, ainda com "ph" em diversas placas, e facilmente me localizaria no bar-restaurante Soberano, tomando café em cálice. Eu e o Soberano éramos figuras referenciais no quarteirão.

A Triunfo, nossa Hollywood, também chamada de Boca do Cinema, era uma rua histórica, com bares servidos por garçonetes. Mesmo sem atrair turistas, como a co-irmã americana, produziu centenas de filmes, na maioria comédias eróticas, com abundância de garotas parcialmente peladas, ou a silhueta delas, pois o nu frontal ainda não fora permitido. Escrevi uma por mês durante três anos, algumas cujo enredo o produtor sugeria ou exigia.

— Quero que escreva um roteiro sobre certo inseto que, quando pica a vítima, a obriga a transar em 24 horas senão ela morre.

— Isso é muito obsceno e de mau gosto.

— Pode deixar, há outros roteiristas.

— Foi só um comentário. Mera visão exterior da obra.

— Esqueci de dizer que a história se passa numa ilha onde se realiza o concurso de Miss Brasil.

— Interessante.

O vídeo levaria a pornochanchada para os lares, voltando a esvaziar os cinemas, e ela em seguida desapareceria. Por quê? Porque a novela das seis é muito mais realista, mais ousada do que qualquer uma das velhas pornochanchadas. Não tem aquelas ingenuidades da rua do Triunfo. Nela não é preciso inseto algum, senhor roteirista. Silhueta, pois sim!

O filme *O inseto do amor* (1978), ao qual ele se refere na crônica, nasceu em um encontro no bar Soberano entre o produtor J. D'Ávila e o diretor Fauzi Mansur. No meio da conversa, Mansur contou que lera uma reportagem sobre os poderes afrodisíacos do guaraná. Será que isso não rendia alguma coisa?

— Filme sobre guaraná não vai dar certo — disse D'Ávila.

— E que tal um inseto? — sugeriu Mansur.

— Inseto?

— É, um inseto afrodisíaco.

Os dois se entusiasmaram com a idéia e alguns dias depois propuseram o roteiro para Marcos. Mansur já lhe fizera outras encomendas e admirava sua sensibilidade para entender o gosto dos espectadores desses filmes. Não era tão difícil assim saber o que eles queriam. Um personagem de *Elas são do baralho* resumiu tudo com clareza: "Brasileiro não resiste a uma boa sacanagem".[*] O desafio era traduzir isso em um roteiro competente. Daí por que o trabalho de Marcos foi sempre bem pago na Boca. Pelos cálculos de Mansur, ele recebia por um roteiro, em valores de 2004, entre 3 mil e 5 mil dólares. "Ele sabia como atrair o público", afirmaria. O roteiro de *O inseto do amor* ficou pronto em 35 dias. "Marcos

---

[*] Citado por Inimá Ferreira Simões, *Aspectos do cinema erótico paulista*, 1984.

era um profissional eficiente, responsável, muito rápido e cumpridor de prazo", recordaria o produtor Aníbal Massaini Neto.

Massaini e Mansur eram os últimos homens do cinema paulista que, em 2004, permaneciam instalados no número 134 da Triunfo, o Edifício Soberano, com o mesmo nome do vizinho bar e restaurante. Os dois escritórios lembravam museus. Na Cinearte de Aníbal Massaini, sucessora da Cinedistri criada em 1949 por seu pai, o produtor Osvaldo Massaini, mais de cinqüenta anos depois ainda havia dezenas de cartazes originais de filmes, muitos já descorados. O lugar de honra, perto da entrada, foi reservado para *O pagador de promessas*, dirigido por Anselmo Duarte, ganhador da Palma de Ouro no Festival de Cannes de 1962. Na produtora de Mansur, sobreviviam trambolhos mecânicos de edição, pilhas intermináveis de latas de filmes, máquinas de escrever manuais, calculadoras azuis com manivela e telefones pretos com disco. Em sua sala, no quarto andar do prédio, com vista para o movimento das prostitutas na calçada, Marcos discutia roteiros como o de *O inseto do amor* e assinava contratos: 50% de pagamento adiantado, 50% na entrega. "Não levei um único cano", contaria. "O produtor de cinema é um homem que arrisca seu próprio dinheiro, vende o apartamento, o Fusca, tira o filho da escola, sacrifica-se. A maioria sabe cumprir seus compromissos."

— Você bola uma boa história e eu coloco as mulheres peladas em cena — costumava lhe dizer Mansur.

A rua do Triunfo, por ficar próxima das principais estações ferroviárias da capital paulista e, mais tarde, da rodoviária, passou a ser ocupada por distribuidoras de cinema na década de 40. Dali, seus vendedores viajavam com destino ao interior do estado, Paraná, Minas Gerais e Mato Grosso para oferecer os lançamentos. Carregavam na mala os rolos dos trailers e um livrão com capa grossa de cartolina no qual marcavam os pedidos. Por isso, ficaram conhecidos como "marcadores". Ganhavam 1% de comissão, com venda casada: o exibidor levava o cabeça de lote, como era denominado o filme principal, de sucesso garantido, e mais nove fitas de menor apelo comercial.

Nos anos 60, as produtoras estabeleceram-se na rua. Nessa mesma época, nasceu o Cinema Marginal. Seus principais nomes — como os diretores Ozualdo Candeias, Júlio Bressane, Carlos Reichenbach e Rogério Sganzerla — opunham-se ao que classificavam de propostas "moralizantes e politizadas" do Cinema Novo carioca, embora também mostrassem preocupações sociais. Despenteados, barbudos ou barba por fazer, vestiam-se com jeans surrados e camisetas velhas. Em vez de revolucionários do campo, seus filmes tinham como personagens marginais da metrópole, conforme se via em *A margem* (1967), de Candeias, *O bandido da luz vermelha* (1968), de Sganzerla, e *Matou a família e foi ao cinema* (1969), de Bressane. O grupo do Cinema Marginal fazia ponto na rua do Triunfo.

As produtoras foram se multiplicando na vizinhança, beneficiadas com a lei de proteção ao cinema nacional que chegou a obrigar cada sala a exibir filmes brasileiros, independentemente de sua qualidade, durante 140 dias por ano. Um filme da Boca custava em média 80 mil dólares, bancados pelos produtores, enquanto as películas financiadas pela Embrafilme, com dinheiro público, não saíam por menos de 500 mil dólares.* Uma das explicações é que, na Boca, as fitas muitas vezes podiam ser rodadas em apenas quinze dias, enquanto a média das produções nacionais feitas fora de lá era de oito a dez semanas.

As pornochanchadas, iniciadas em São Paulo com *A ilha dos paqueras*, dirigido por Fauzi Mansur em 1970 — no ano

---

* André Barcinski e Ivan Finotti, *Maldito: a vida e o cinema de José Mojica Marins, o Zé do Caixão*, 1998.

anterior, Reginaldo Faria rodara o pioneiro *Os paqueras* no Rio de Janeiro —, fizeram a glória da Boca. No auge, eram produzidos na rua do Triunfo entre setenta e 120 filmes por ano, 60% dos quais no gênero, conforme se dizia, "comédia erótica". Essas fitas impulsionaram o cinema brasileiro na década de 70 ao ponto de o número de espectadores atingir os 160 milhões por ano. Quase a metade ia ver filmes nacionais. Em 2002, o público total estava reduzido a cerca de 80 milhões de pessoas.

Numa época de trevas, em que a ditadura militar proibia telenovelas como *Roque Santeiro*, filmes estrangeiros como *O último tango em Paris*, canções de Chico Buarque e até uma temporada do Balé Bolshoi, enquanto a imprensa era vítima de censura prévia, as pornochanchadas deitavam e rolavam. Não havia nu frontal, é verdade, da mesma forma que a edição brasileira de *Playboy* e suas concorrentes, como *Status* e *Ele & Ela*, podiam mostrar somente um dos seios das mulheres que posavam despidas, sem a exibição dos pêlos pubianos. Apesar da ação dos censores, que cortaram 22 cenas de *A superfêmea* (1973), estrelada por Vera Fischer, os roteiristas e diretores tinham um bom campo de manobra para expor belas atrizes na tela, em meio a diálogos de duplo sentido, piadas grosseiras e cenas de sexo não explícito.

As pornochanchadas seguiam uma receita. Segundo Massaini, para dar certo uma produção precisava, antes de mais nada, de um título meio safado, um trailer bem-feitinho e muita publicidade na fachada de um cinemão do Centro. No título, entravam palavras-chave como sexo, virgem e fêmea ou trocadilhos do tipo *Luz, cama, ação*. No trailer, não podia faltar o que era possível mostrar da nudez feminina e a apresentação de alguns personagens inevitáveis: a donzela, a garota de programa, o homossexual, o conquistador, o marido traído, o impotente, a adúltera e a mulata sensual, com suas variações. O velho Cine Marabá, com 1 438 lugares, fincado no trecho da avenida Ipiranga

MALDIÇÃO E GLÓRIA

outrora batizado de Cinelândia paulista — entre a avenida São João e a praça da República —, era o melhor indicador das chances de um filme vir a emplacar. "Se a fila, no dia da estréia, chegava a vinte metros, a fita se pagava", dizia Marcos. "Se alcançava a praça da República, era sucesso garantido."

Naqueles três anos, Marcos viveu exclusivamente da venda de argumentos e da redação de roteiros. Ele ganhou a vida ao lado de nomes respeitáveis. No time de roteiristas de pornochanchadas, sem contar Oduvaldo Vianna Filho e Armando Costa, ele teve entre seus colegas eventuais o crítico Rubens Ewald Filho (*Elas são do baralho*, 1977) e o dramaturgo Lauro César Muniz, autor da peça *O santo milagroso* e de novelas como *O Salvador da Pátria*. É da lavra de Muniz o argumento do primeiro episódio de *Os mansos* (1973), intitulado de *A b... de ouro*, assim mesmo, com sutilíssimas reticências. O novelista Sílvio de Abreu dirigiu *Elas são do baralho*, e o antigo diretor e produtor da Vera Cruz Fernando de Barros, que depois seria o mais famoso editor de moda masculina das revistas brasileiras, assinou um dos episódios de *Lua-de-mel e amendoim* (1971).

No elenco dos atores, só para citar alguns exemplos, estavam Antônio Fagundes (*Eu faço... elas sentem*, de 1976, e *A noite das fêmeas*, de 1975, este com roteiro de Marcos), John Herbert (dirigiu e desempenhou um dos papéis do segundo episódio de *Cada um dá o que tem*, 1975, que Marcos roteirizou), Paulo Goulart (*O bem-dotado — O homem de Itu*, 1978), Nuno Leal Maia (*O bem-dotado — O homem de Itu*, e *Embalos alucinantes*, 1979), Eva Wilma (*Cada um dá o que tem*, no qual foi dublada em uma cena de nudez), Irene Ravache (participação especial em *O supermanso*, 1974) e Etty Fraser (*Macho e fêmea*, 1973). Nenhum deles, porém, tinha junto ao público o prestígio das divas das pornochanchadas: as musas desnudas Vera Fischer, Helena Ramos, Aldine Müller, Sandra Bréa e Nicole Puzzi.

Marcos, portanto, estava em boa companhia. Não tinha

do que se envergonhar. E não se envergonhava mesmo. "Uma boa dose de mau gosto é tão indispensável na porno-chanchada como as chaves dum soneto", escreveu no romance *Esta noite ou nunca* (1988), resultado literário de sua trajetória na rua do Triunfo. Nesse livro, ele explicaria por meio do personagem principal, um escritor desempregado que adota o pseudônimo de William Ken Taylor, como criava seus roteiros:

> Quem sabe o que quer não procura, encontra. Assim, criei uma fórmula que jamais pus no papel para não cair nas mãos de qualquer farmacêutico. Da posologia constava uma mulher espetacular, o que era fácil porque Deus já inventara Eliana [na história, uma atriz do gênero, que posa para revistas de nu feminino]; um assumido ou enrustido; um cavalheiro antipático, geralmente machão, traído pela mulher; uma mulata desavergonhada, para os apreciadores da cor; e um variado elenco masculino e feminino de insatisfeitos sexuais: janeleiros, equipados ou não com binóculos; pessoas distraídas que, sem saber onde andam, se aprisionam nas armadilhas do sexo; jovens que ensaiam a primeira travessura com suas genitálias não distantes de um casal de idosos que tenta a última; solteironas que passam; viúvas que ficam; os que perseguem e os que esperam encontros amorosos, com destaque para os que fogem deles; puritanos(as) que, tropeçando ou escorregando, caem imprevistamente nos braços do pecado. Um enredo para feriados e fins de semana, quando a vida é melhor, e sempre favorecido pela tinta azul do céu, do mar, das piscinas, cenários que não custam dinheiro para o produtor e passam as energias da natureza, cúmplice das intenções do roteirista.

Entre os filmes que Marcos roteirizou, os títulos em geral vinham prontos dos produtores: *As cangaceiras eróticas* (1974), *A noite das fêmeas* (1975), *O clube dos infiéis* (1974), *O super-manso* (1974), *Nem as enfermeiras escapam* (1976)... Às vezes prometiam mais do que o efetivamente exibido na tela. Lidos hoje, alguns desses roteiros — com bom acabamento técnico, marcações corretas e diálogos curtos — quase parecem inocentes histórias para crianças, como se pode ver por estas cenas que escreveu para *As secretárias que fazem de tudo*:

CENA 1 – EXTERNA – RUA – DE MANHÃ

Mãos de Wanda Alvarado, jovem e bonita, seguram um jornal dobrado na seção "Precisa-se", onde um pequeno anúncio está circulado por um lápis vermelho. A câmera vai do jornal ao andar térreo de um edifício, situado numa rua central. Depois, a câmera começa a subir, mostrando como ele é alto e imponente, visto de baixo. Wanda, porém, segurando seu jornal, olha-o com confiança, quase com desafio. Começa a atravessar a rua. Um cego, mendigo, retira os óculos pretos num relance para ver a linda Wanda Alvarado. Um policial, que está passando, segura-o pelo braço.

POLICIAL — Cego de araque, hein? Venha comigo!

CEGO — Fazia dez anos que eu não enxergava! Milagre! Milagre!

O policial arrasta o mendigo.

CENA 2 – INTERIOR – SALA DO ANDAR TÉRREO DO EDIFÍCIO

Seis moças também bonitas estão em fila, diante de um funcionário da empresa encarregado da seleção. Ele está sentado atrás duma escrivaninha; não é funcionário importante. Chamaremos de Paulo. Examina as candidatas, roendo unha, sem ser capaz de decidir-se por nenhuma. Afinal, tem uma idéia:

PAULO — Uma viradinha, por favor.

Todas voltam o traseiro para Paulo. A câmera faz um passeio. Paulo se decide por Wanda.

PAULO — Você aí, a segunda!

Wanda torna a voltar-se para ele.

PAULO — Está na cara que você é a melhor.

CENA 4 — MANHÃ — INT. — COZINHA DE WANDA

Wanda e sua tia tomam café na cozinha dum modesto apartamento, antes dela seguir para o trabalho. A tia é uma coroa com ar gaiato.

TIA — Mas o que você faz nessa empresa?

WANDA — Sirvo café.

TIA — Uma moça como você, servindo café!

WANDA — O que tem, titia? Muita gente boa começou por baixo!

TIA — Por baixo de quem?

WANDA — Sou ambiciosa, tia. Vou subir muito. Vai ver.

CENA 50 — DIA — EXT. — PORTA DA IGREJA

Saída da igreja. Wanda, de noiva, de braços com o noivo, dr. Jaime, ambos extremamente felizes. Os funcionários da empresa atiram arroz no casal. Quando o casal passa para entrar no carro, Wanda beijando a tia, a câmera foca Lola e outra funcionária.

FUNCIONÁRIA — É... o mundo é das que têm sorte.

LOLA — Nada disso. O mundo é das que têm... (Faz gesto com a mão da curva de um traseiro.)

FIM

As pornochanchadas começaram a morrer em 1980, quando filmes estrangeiros — e também nacionais — de nudez total e mesmo de sexo explícito foram liberados para exibição com mandados de segurança que vinham sendo obtidos no período de abertura do regime militar desde o fim do AI-5, em 1978. Mas, àquela altura, Marcos estava em um novo e mais rendoso campo profissional. Com sua incrível versatilidade, ele foi praticamente de um extremo a outro. Passou a escrever para adolescentes e a ser lido em escolas de todo o Brasil. Talvez não pudesse ter lhe acontecido nada melhor. Nunca ganhou tanto dinheiro e teve tantos leitores.

29. Criador de heróis

Quanto? Ao ouvir o número, durante um almoço no restaurante Itamarati, que ficava próximo à Faculdade de Direito do Largo de São Francisco, Marcos pensou que não havia entendido. Pediu que Anderson Fernandes Dias, um dos fundadores da editora Ática, e seu editor, Jiro Takahashi, repetissem a informação. Eles confirmaram. Sim, a tiragem inicial dos livros da coleção Vaga-Lume, lançada por eles, podia chegar a 120 mil exemplares.

— Tudo isso? — Marcos arregalou os olhos, lembrando talvez das 2 mil ou 3 mil cópias da primeira edição de alguns de seus romances e contos.

— Tudo isso.

Eles lhe explicaram que eram obras destinadas a adolescentes, cada uma com pouco mais de cem páginas e ilustrações. Vendiam realmente uma enormidade. Ninguém as comprava por impulso. A editora usava uma técnica de vendas semelhante à dos laboratórios farmacêuticos: distribuía amostras grátis, não para médicos, é claro, mas para escolas e professores. Os professores de português podiam pedir mais três títulos de graça a cada ano letivo. Se adotassem um deles, como atividade extra-curricular, a editora mandaria o reparte necessário para a escola vender ou indicaria as livrarias onde estavam disponíveis. Numa classe com quarenta alunos, seriam quarenta exemplares. Em dez classes, quatrocentos. E assim por diante. Quando um livro caía no gosto dos alunos, iniciava-se um processo de divulgação boca a boca que poderia transformá-lo em um best-seller. O esquema, aos poucos, sofisticou-se. Em 1980, quando Dias e Takahashi conversaram com Marcos, a Ática já dispunha de um atraente catálogo colorido para apresentar seus livros infanto-juvenis. Tempos depois, o catálogo chegaria às mãos de cerca de 100 mil professores do país inteiro.

— Queremos que você seja um dos autores da coleção — convidou Dias, um homem discretíssimo que criara sua editora para imprimir apostilas do curso de madureza (mais tarde supletivo) do qual era dono, jamais se deixava fotografar e não daria entrevistas até morrer em 1988, aos 56 anos.

Marcos, em um primeiro momento, mostrou-se arredio.

— Livros infanto-juvenis e letras de música não são comigo.

Os dois bateram o pé. Não pretendiam contratar algum especialista na área, mas um escritor no qual eles apostavam. Era só manter seu estilo e fazer o que sabia: contar uma boa história. Não teria que passar lições de moral, apenas ajudar garotos e meninas a adquirir o gosto pela leitura. A diferença é que escreveria para um público muito maior. Marcos afinal se seduziu com a proposta e decidiu que faria uma novela policial ambientada em São Paulo. Como sempre, argumentos e personagens não lhe faltavam. Ele costumava dizer que passou a vida fotografando pessoas e lugares da cidade. Olhava, registrava a cena e guardava na memória. Na hora de escrever, recuperava tudo.

Resolveu então procurar a escritora de livros infanto-juvenis Stella Carr para trocar algumas idéias. Ela era uma autora muito bem-sucedida, com mais de trinta livros publicados e cerca de 3 milhões de exemplares vendidos. Nascida no Rio de Janeiro, mudara-se na infância para São Paulo e moraria a maior parte da vida numa casa construída por seu pai no bairro do Pacaembu. O marido de Stella, o pediatra Armando Thyrso Ribeiro de Souza, vinha ganhando uísques escoceses dos pais de seus pacientes. Como raramente bebia, formou uma adega que chegou a reunir 92 garrafas. Quando ia lá, portanto, Marcos não se privava de seu líquido favorito. "Ficava alegre e desinibido, mas nunca se embriagava", diria Stella. Em 1980, ele voltou à casa do Pacaembu para dar a notícia de que seria o novo colega de Stella no mercado infanto-juvenil. Ela ficou entusiasmada.

— Com essa sua imaginação borbulhante, você escreverá coisas ótimas — previu. — Não tenha dúvida: você ganhará um bom dinheiro, ficará ainda mais conhecido e as vendas de seus contos e romances para adultos aumentarão.

Naquele dia, Marcos saiu de lá com o grosso livro *O mundo emocionante do romance policial*, de Paulo de Medeiros e Albuquerque. O exemplar tinha uma dedicatória do autor "à minha fada madrinha, Stella", mas só iria devolvê-lo meses depois, com várias anotações a lápis. Para ele, fora um achado. Paulo Medeiros e Albuquerque era um estudioso de literatura policial e neto de Medeiros e Albuquerque, considerado um dos precursores do gênero no Brasil. Em seu trabalho, Marcos encontrou as seis regras básicas recomendadas pelo escritor americano Edgar Allan Poe, de acordo com um estudo do francês François Fosca, para se escrever uma boa história de crime. Ele já conhecia a fórmula, mas as dicas o ajudaram na hora de criar suas novelas para jovens.

1. O caso apresentado é um mistério aparentemente inexplicável.

2. Uma personagem — ou várias — simultânea e sucessivamente é considerada erradamente culpada porque os indícios superficiais parecem indicá-la.

3. Minuciosa observação dos fatos, materiais e psicológicos, após o depoimento das testemunhas, e, acima de tudo, um rigoroso método de raciocínio triunfam sobre as teorias aprioristícas e apressadas. O analista não adivinha; ele raciocina e observa.

4. A solução que concorda perfeitamente com os fatos é totalmente imprevista.

5. Quanto mais um caso parece extraordinário, tanto ele é mais fácil de resolver.

6. Depois de eliminadas todas as impossibilidades, o que resta, se bem que incrível à primeira vista, é a solução justa.

Marcos concluiu em dois meses a primeira novela da série. É *O mistério do cinco estrelas*, que conta um caso de assassinato ocorrido no hotel mais luxuoso de São Paulo. Nascem ali os personagens adolescentes que apareceriam em várias outras aventuras: o mensageiro Leo, sua namorada, Ângela, e um primo dele, Gino, deficiente físico e grande jogador de xadrez. Os três atuam como detetives para identificar o criminoso. No texto, como em toda a obra de Marcos, não há maniqueísmos ou preocupações politicamente corretas, que ainda não haviam entrado na moda. "O menino paraplégico não estava nas histórias por respeito ao direito das minorias, embora ele o tivesse, mas simplesmente porque o autor considerou que era um bom personagem, no qual de alguma forma se projetava", observaria Takahashi. Em *Dinheiro do céu* — talvez o melhor que ele fez para a coleção Vaga-Lume —, o jovem protagonista, ao ser abandonado pela namorada, toma um porre de vinho na companhia do tio. A mãe da mocinha de *O diabo no porta-malas* é proprietária de uma casa noturna, com "muita bebida, muita euforia, muita fumaça". Em outros livros, ele cita "uma velha empregada, surda como uma porta" e descreve o diretor de um sanatório para doentes mentais como "um homem quase anão, de ares afáveis, fumando uma cigarrilha preta".

Sem didatismos, lições de moral ou hipocrisias, *O mistério do cinco estrelas* foi um estouro. Vendeu 200 mil cópias no primeiro ano. Na época, um livro juvenil que chegasse aos 40 mil exemplares no mesmo período seria um sucesso e tanto. Em sucessivas reimpressões, *O mistério* ultrapassaria em meados de 2004, pelos cálculos da Ática, a casa dos 2,5 milhões de exemplares vendidos. Mais do que um autor, Marcos passou a ser tratado como uma estrela pelos editores e assinou contrato para produzir uma novela juvenil por ano. "Seus livros atingiram em cheio os leitores porque não têm nenhum tipo de moralismo, nenhuma preocupação em ser educativos, e foram escritos dentro da melhor técnica da história policial", diria o editor Fernando Paixão, que sucederia Takahashi na empresa e cuidou da edição dos trabalhos de Marcos durante dezesseis anos. "Em compensação, os jovens identificam-se com o herói e, acompanhando suas peripécias, percebem que de alguma maneira estão se preparando para enfrentar as dificuldades do mundo adulto."

Uma vez entregues, seus originais passavam pelo crivo de dois leitores críticos, normalmente um professor e um especialista em literatura infanto-juvenil. Suas observações sobre a estrutura narrativa, palavras fora de uso ou eventuais cochilos do texto eram discutidas numa reunião de cerca de três horas com o autor, o editor e um editor-assistente. No caso de Marcos, que achava incômodo ir até a sede da Ática, no bairro da Liberdade, os encontros se realizavam em sua casa. Os últimos aconteceram no apartamento de dois quartos da rua Homem de Mello, em Perdizes, que ele pôde comprar com os direitos autorais que recebia dos livros juvenis. Foi seu primeiro e único imóvel próprio.

Escreveu mais catorze obras do gênero. Quase todas venderam muito. Só *Gincana da morte* vendeu pouco. Aqui, pouco quer dizer 30 mil exemplares. Suas novelas destinadas à faixa etária dos dez aos quinze anos estiveram sempre na lista dos best-sellers da editora. Com a repercussão da série, Marcos começou a ser requisitado para dar palestras em escolas da capital paulista, do interior de São Paulo e de vários estados brasileiros. Estimulado pela mulher, que o acompanhava nas viagens, aceitava a maioria dos convites e, no início, vencia a timidez tomando uma dose de uísque antes de falar para os estudantes. Isso não lhe tomava mais do que dois ou três dias por mês. Foi assim que, a partir de meados da década de 80, ele passou a ter tempo — e condições financeiras — para dedicar-se aos livros que sonhava fazer.

30. Uma carta fatal

Era com alívio que, ao verificar nos extratos bancários os rendimentos dos direitos autorais, vindos basicamente dos livros infanto-juvenis, Marcos lembrava das tarefas às quais não precisava mais se submeter. "Eu estava transformado num escriba, um mercenário, alguém a quem pagavam para escrever qualquer coisa", reconhecia. Além das pornochanchadas, redigira anúncios de apartamentos para uma imobiliária da rua Marconi, a alguns metros do Paribar, e, no desespero, até cartas comerciais. Na roda literária dos sábados, que se reunia inicialmente no salão repleto de espelhos do bar e restaurante Pandoro, na avenida Cidade Jardim, e mais tarde nas mesinhas junto às vitrines da Livraria Cultura, no Conjunto Nacional, ele dizia que chegara a vender roteiros para shows de strip-tease e desfiles de moda. "Fazia redação para qualquer emergência ou clientela", admitia.

Graças ao êxito que ele alcançou na literatura juvenil, tudo isso tornara-se agora, sem trocadilho, uma página virada. Com a vida organizada e uma fonte certa de renda, conseguiu produzir trinta livros entre 1977 e 1998. Praticamente um livro e meio por ano nesse fértil período: quinze juvenis, dois paradidáticos, um infantil, uma pequena autobiografia, um manual técnico (*O roteirista profissional*), oito romances e dois volumes de contos.

Mas uma frustração ainda o incomodava. Com toda aquela maciça presença nas livrarias, ele não obtinha dos críticos o reconhecimento de que se julgava merecedor. Achava que nenhum deles conhecia muito bem sua obra e que quase todos a analisavam com superficialidade. Isso o afligia. À primeira vista modesto, Marcos era um homem vaidoso. Não só para se vestir, desde que Palma se encarregara de escolher suas roupas — embora o corpo não ajudasse no caimento, usava boas camisas, calças sob medida, blazers de qualidade e suéteres ingleses de cashmere —, como sobretudo em relação ao que escrevia. É verdade que quase nunca indagava aos amigos e conhecidos o que tinham achado de seus livros.

— Já fiz isso, mas me arrependi — dizia. — O perigo é alguém responder que não leu. Isso dói.

Uma das poucas mágoas que sentiu em relação a Mário foi jamais ter ouvido do irmão algum comentário sobre seus livros juvenis. Várias vezes esteve para lhe pedir a opinião, mas preferiu esperar que Mário tomasse a iniciativa, o que acabaria não acontecendo. Em compensação, abria-se em um imenso sorriso de felicidade quando recebia elogios de alguém que respeitava ou era alvo de sua admiração. Emocionou-se, por exemplo, com um bilhete manuscrito que Carlos Drummond de Andrade lhe mandou quando saiu *Ópera de sabão*. "Que livro bom de ler! A imaginação e a realidade brasileira nele se enlaçam em atraente realização literária", escreveu-lhe o poeta. Ficou igualmente todo prosa com uma declaração dada pelo filólogo e crítico Antônio Houaiss à revista *Veja* em 1986: "Tiro meu chapéu para Marcos Rey. Ele faz uma literatura de boa qualidade, sem transcendências ou pretensões, que agrada sempre".

Guardou como troféu uma carta do escritor J. J. Veiga a propósito de *O último mamífero do Martinelli*:

> Você conta uma história que prende o leitor do princípio ao fim. Quem se afasta disso está apenas querendo ser "diferente", e não consegue nada, a não ser dar com os burros n'água. Os seus burros atravessam fagueiros a corrente e chegam fagueiros ao outro lado. O que mais se quer? Frescuras? Disso estamos cheios. Você é dos bons do nosso tempo. Felici-

to-o com certa inveja. Mas não tenha receio, não é preciso sair correndo para se benzer: a minha inveja não é daquelas que "secam". Eu queria apenas ser competente como você. Talvez um dia chegue lá, tendo você como exemplo.

Ele sentiu-se particularmente gratificado com essa carta porque estava certo de que *O último mamífero do Martinelli* estava entre suas obras mais bem-acabadas.

Uma das resenhas que conservou numa pasta foi publicada em 1980, no *Correio do Povo*, de Porto Alegre. Trazia a assinatura de Tarso Genro, que durante dez anos, antes de tornar-se prefeito da capital gaúcha e depois ministro do governo Lula, fez crítica literária nesse jornal. Dizia ele, em linguajar marxista: "O picaresco policial *Malditos paulistas* é a medida certa para ganhar aquele leitor do povo que trabalha dez horas por dia e só pode gostar de um livro que prenda sua sensibilidade em torno de um mínimo de emoção e suspense, mas que, ao mesmo tempo, não aprofunde seu ceticismo e sua alienação em favor dos que se apropriam das suas dez (ou mais) horas de jornada de trabalho". Marcos, que nunca se engajou na política, não imaginaria que um de seus livros pudesse despertar semelhante interpretação.

Em 1986, com o prestígio consolidado nos meios literários, Marcos foi eleito para a Academia Paulista de Letras (APL). Ela funciona nos moldes da Academia Brasileira de Letras (ABL), também com quarenta cadeiras. No período em que Marcos a freqüentava, figuravam entre seus membros mais conhecidos a escritora Lygia Fagundes Telles, o cientista político Bolívar Lamounier, o bibliófilo José Mindlin e o industrial Antônio Ermírio de Moraes. Nas sessões de quinta-feira, em vez do tradicional chá da ABL, os acadêmicos paulistas podem beber cerveja e uísque. Tudo de graça. Na saída, ganham jeton, pago em dinheiro vivo. No último ano de vida de Marcos, era equivalente a cerca de cinqüenta dólares por reunião, que dura apenas uma hora. Não faltam recursos para essas mordomias. A APL é a dona do prédio em que está instalada sua sede, no largo do Arouche, em um terreno doado pelo governo de São Paulo na década de 40. Dos quinze andares do edifício, construído com financiamento público nos anos 50, treze estão alugados para a Secretaria de Educação do estado.

Quando Marcos foi para lá, seu irmão Mário fazia parte da casa, o que contribuiu para que logo se enturmasse. Ele não demorou a estimular um dos companheiros do grupo da Livraria Cultura, o jornalista e poeta José Nêumanne Pinto, a também apresentar sua candidatura. Em uma de suas brincadeiras, Marcos divertia-se em chamar o paraibano Nêumanne, com seu 1,80 metro de altura, de "o maior nordestino do Brasil".

A história da candidatura de Nêumanne teria um desfecho trágico. Ou tragicômico, dependendo do ponto de vista. Nêumanne se animou com a idéia de Marcos e seu nome foi lançado pelo advogado tributarista Ives Gandra Martins, outro membro da APL, com o apoio político nos bastidores do ex-governador Roberto de Abreu Sodré, que ligou pessoalmente para vários acadêmicos cabalando votos.

— Meu caro — diria Sodré para vários deles. — Você sabe que sou seu leitor e admirador há muitos anos. Estou lhe telefonando porque gostaria que você visse com simpatia a candidatura do Nêumanne.

Apareceram, porém, outros dois concorrentes: o crítico Fábio Lucas e o monsenhor Primo Vieira, um autor de versos religiosos que tinha 75 anos e lecionava literatura na cidade de Santos. Logo que se iniciaram os conchavos que acontecem nessas ocasiões, Lygia pediu que Nêumanne desistisse, pois acreditava que sua saída facilitaria a vitória de Lucas, a quem ela apoiava. Enquanto isso, Ives fez um acordo com o monsenhor: lhe daria seu voto e, caso vencesse, ele retribuiria votando em Nêumanne na eleição seguinte. Tudo acertado, o jornalista retirou estrategicamente a candidatura, o crítico perdeu e o monsenhor ganhou. Assim que se abriu uma nova vaga, em 1994, Nêumanne voltou a concorrer. Estava certo de que chegara sua vez, mas foi derrotado. Embora o voto dos acadêmicos seja secreto, ele descobriu que o monsenhor havia descumprido o trato. No dia seguinte, mandou-lhe uma carta.

O monsenhor a receberia em Portugal, para onde viajou após a eleição, e, diante do altar da igreja de Nossa Senhora de Fátima, sofreu um enfarte fulminante. A notícia deixou Marcos — que acompanhava de perto as peripécias da eleição — inteiramente alvoroçado. No sábado, como de hábito, ele foi à Livraria Cultura, onde encontrava colegas como Humberto Mariotti, Wladir Dupont, João Baptista Sayeg e Sérgio Telles. A cada um que chegava, transmitia a informação em tom trágico:

— O Nêumanne matou um padre! O Nêumanne matou um padre!

— Que história é essa? — espantou-se Mariotti.

— É isso mesmo: ele matou um padre!

— Mas como? A tiros?

— Não, com isto aqui — respondeu Marcos, tirando do bolso uma cópia da carta. — O padre abriu o envelope e, pimba!, caiu duro. Mortinho.

Ele passava então a ler a tal epístola fatal, com voz empostada, numa representação que os amigos consideravam hilariante.

Meu caro monsenhor Primo Vieira,

Em primeiro lugar, gostaria de lhe pedir perdão pelo constrangimento que devo ter lhe causado em todos os telefonemas que lhe fiz, pedindo seu apoio a minhas pretensões na Academia Paulista de Letras. Com certeza, o peso da imodéstia impediu-me de considerar a hipótese, enfim confirmada, das mentiras caridosas que o senhor foi obrigado a dizer, em nome de um compromisso, enfim envelhecido pelas circunstâncias.

Espero que o senhor entenda ser a vaidade um defeito tão grave que, às vezes, nos impede de compreender o verdadeiro sentido das palavras. Tal vaidade, monsenhor, me impediu de considerar o verdadeiro sentido de sua promessa de apoiar uma candidatura minha em qualquer circunstância e, depois, as três vezes em que o senhor confirmou tal apoio, antes de cantar o galo.

Basta-me a culpa pelo constrangimento. Escrevo-lhe para garantir que seu gesto, na eleição de ontem, é redentor, exatamente porque me põe de volta ao verdadeiro lugar, ocupado por meus talentos escassos, e me dá uma lição de vida de primeira água. Graças a tal lição, monsenhor, sou hoje capaz de entender por que o beijo pode ser um sinal de morte, como o foi no Jardim das Oliveiras e continua a ser nos bairros italianos de Nova York.

Grande abraço,
Nêumanne

Que o monsenhor os perdoasse, mas ninguém conseguia segurar a gargalhada. Esse humor negro, ferino e cortante pode ser encontrado em vários livros de Marcos. No satírico romance *A sensação de setembro* (1989), ele compara o desajeitado personagem Rudi, um pequeno gênio que construía navios de guerra em miniatura mas era incapaz de ter um relacionamento normal com mulheres, em sua tentativa de dançar, a "um paraplégico que tentasse andar sem muletas num rinque de patinação sobre o gelo". Em *Memórias de um gigolô*, mexe com o mesmo tema: "Um engenheiro paralítico apaixonou-se por Lupe. Tinha o lado esquerdo totalmente paralisado e a mão sem movimento. Mas com a direita apanhava muito bem a carteira". No fundo, Marcos ironizava a si mesmo. Não se pode esquecer, afinal, que ele era um deficiente físico. Caminhava com dificuldade, só subia escadas amparado e não tinha capacidade para cortar um simples pedaço de carne. No conto *Mustang cor-de-sangue*, o protagonista é o anão Jujuba, a quem ele se refere como "o pequerrucho" e "o reduzido".

Entretanto, o escritor sarcástico e o boêmio jocoso escondiam, muitas vezes, a pessoa generosa que em seus últimos anos, quando tinha dinheiro, pagava os estudos de dois menores pobres que lhe escreveram para pedir ajuda e o mestre que sentia prazer em ajudar novos escritores. Lia originais que desconhecidos lhe mandavam e os devolvia com sugestões e palavras de encorajamento. Quando vislumbrava talento no autor, abria-lhe as portas ao seu alcance. Em 1988, o jovem contista paulistano Mário Teixeira pediu que ele lesse alguns de seus trabalhos. Marcos mandou chamá-lo.

— Você é de família rica?

— Não, minha família é de classe média baixa, da Vila Mariana.

— Você não quer ganhar dinheiro? Por que você não escreve para a TV? Experimente. Faça três sinopses e me mostre.

Teixeira recebeu de presente um exemplar de *O roteirista profissional*, livro que Marcos produziu depois de ter dado um curso sobre o assunto na Fundação Armando Álvares Penteado (FAAP). Quando recebeu as sinopses, Marcos ligou na frente de Teixeira para Walter George Durst. Autor de novelas como *Gabriela* e das minisséries *Anarquistas, Graças a Deus, Grande Sertão: Veredas* e *Memórias de um Gigolô* — esta em parceria com Marcos —, Durst naquele momento dirigia a Casa de Criação Janete Clair, espécie de escola-laboratório para autores da TV Globo.

— Walter, tem um garoto aqui que escreve bem, mas precisa aprender e estou sem tempo. Você vai ensinar para ele.

O rapaz foi para o Rio de Janeiro e, de fato, acabaria trabalhando na televisão. Co-autor de algumas novelas — *Os Ossos do Barão* (1987), no SBT, *Tocaia Grande*, na extinta Manchete, *A Padroeira* e *O Cravo e a Rosa*, na Globo —, em 2003 Mário Teixeira ocupava a vaga que pertencera a Marcos por sete anos: a de roteirista de *O Sítio do Picapau Amarelo*.

Nos últimos anos, Marcos também incentivaria seu irmão

Sylvio Donato a escrever. Os dois passaram a maior parte da vida afastados. Eram pessoas muito diferentes. Contador e publicitário, Sylvio achava que uísque tinha "gosto de gasolina", detestava sair à noite e falava pouco com o caçula porque, segundo dizia, "faltava assunto entre nós". Além do mais, havia o tabu da doença. Reaproximaram-se já septuagenários.

— Escreva, Sylvio — sugeria Marcos. — Você conheceu muita gente e ouviu muitas histórias. Isso é o mais importante. Escreva sobre suas experiências.

— Mas eu não sei, me falta jeito.

— Leia isso aqui. É um guia que fiz para você. Tenho certeza de que vai ajudá-lo. Aliás, você é que é feliz, Sylvio. Encontrou alguém para ensiná-lo. Eu tive que aprender tudo sozinho.

E deu-lhe uma folha de papel, com treze dicas sobre texto:

- Reler linha a linha o que foi escrito. Se possível em voz alta.
- Consultar um dicionário para acertar na grafia das palavras. Há palavras que escrevemos errado a vida inteira.
- Cuidado com a acentuação. No Brasil já houve diversas reformas. A última tornou acentuar muito fácil. Mas é preciso saber como essas regras funcionam.
- Um erro de crase às vezes arruina uma reputação.
- Pontuar não é sopa: há bons escritores que erram muito. Saiba porém que a vírgula não é enfeite. Tem função na frase. O ponto facilita muito a construção das frases. Espécie de muleta. E cuidado em juntar vírgulas, pontos, travessões como se estivessem em exposição.
- Escritor experiente não abusa de sinais.
- Deixe sempre claro quem está falando. Use aí o travessão. Aspas no geral só confundem e poluem a página.
- Cada idéia numa linha. Não acumule informações numa única.
- Corte sem dó todas as palavras desnecessárias. As que não tiverem função na frase, varra. São lixo que enfeia a leitura. Apodrecem, causam mau cheiro.
- Ler muitas vezes algumas páginas, contos e crônicas de

grandes autores. É o melhor jeito de aprender. Não quantidade, muito pouca coisa. Leia centenas de vezes certas páginas.

• Evite a repetição de palavras e principalmente dos que, quais, porque, mas, como, tanto, quanto, de, pois, porém, que revelam aprendizado e dificuldade de redação. Mas não basta cortar. É preciso descobrir outras formas de dizer. Daí a utilidade da leitura.

• Nunca repetir idéias, coisas já ditas, afirmações já feitas sobre os personagens. Como também não precipitar desfechos. Textos humorísticos precisam no geral do que os americanos chamam de *timing* — tempo certo para provocar riso.

• Cuidado com a adjetivação: dizer que fulana é bonita e linda ou que sicrano é rude e grosseiro não pega bem. Um adjetivo precisa ser bem diferente do outro.

Depois de decorar os conselhos, Sylvio criou coragem e começou a escrever. Levava os textos para Marcos, que de imediato pegava a caneta e começava a emendá-los. Exatamente como Mário fizera com seus primeiros contos mais de meio século antes.

31. O DIA DA VITÓRIA

Logo que Marcos lançou *Os crimes do olho-de-boi* (1995), romance policial que seria seu penúltimo livro para adultos e tinha como protagonista o gordo detetive e empresário de artistas decadentes Adão Flores, 120 quilos, um velho amigo, o advogado e escritor João Batista Sayeg, achou que chegara a hora. Em um daqueles sábados da Livraria Cultura, anunciou-lhe que iria articular sua candidatura ao Troféu Juca Pato.

Troféu Juca Pato? Esse prêmio, materializado numa estatueta dourada, parecia uma coisinha pequena. Até podia ser. Mas tinha tudo a ver com Marcos. Como no almoço em que fora convidado para escrever novelas juvenis, porém, Marcos a princípio recusou a proposta. Embora a lembrança tocasse em sua vaidade, achava que morreria sem receber a láurea que tanto queria ganhar. Estava convencido de que entre os eleitores, os sócios da União Brasileira de Escritores (UBE), representantes de diversas entidades e qualquer outra pessoa com um livro publicado, havia prevenções contra ele.

— Fiz pornochanchada, anúncios imobiliários, novelas de TV, rádio... — explicava mais uma vez, como se repetisse um bordão. — Os bem-pensantes nunca me aceitaram.

A insistência de Sayeg foi tão grande que ele acabou concordando em concorrer. De acordo com o regulamento, a candidatura deveria ser apresentada por ao menos trinta membros da UBE. Ela foi proposta por quarenta escritores, em um documento encabeçado por Lygia Fagundes Telles. Colhidas as assinaturas, Marcos pensou mais uma vez em desistir. É que surgira um concorrente de peso: o antropólogo, educador, acadêmico, senador e ex-ministro Darcy Ribeiro, com indiscutível prestígio na esquerda e nos meios intelectuais. Ao lado de sua biografia, havia um fator emocional que poderia influenciar os eleitores: ele lutava com bravura contra o câncer que terminaria por matá-lo no ano seguinte.

— Darcy Ribeiro ganha fácil — dizia Marcos.

Diante do apelo de Sayeg e outros amigos, manteve a candidatura. Mas permaneceu cético. Quando foram apurados os votos — surpresa! —, Marcos saiu vitorioso: 330 a 233. A notícia deixou-o eufórico.

Para receber o troféu, em uma cerimônia realizada ao anoitecer de 10 de outubro de 1996, na sede da Academia Paulista de Letras, ele estreou um terno azul-marinho com paletó de três botões. Palma caprichou ao fazer para ele, como de hábito, um grande nó na gravata vermelha estampada. Antes de sair do apartamento de Perdizes, Marcos tomou uma dose de Dimple. Estava nervoso. Aquele seria um dos grandes dias de sua vida. Iniciada a solenidade, ouviu Lygia saudá-lo como "nosso grande escritor, que, com tamanha competência e amor, tem se dedicado a uma obra que pode ser considerada a negação da morte". O presidente da UBE, Fábio Lucas, fez em seguida o elogio de sua obra "divertida, excitante e irônica". Depois, em nome da *Folha de S. Paulo*, patrocinadora do concurso em parceria com a UBE, o jornalista e escritor Bernardo Ajzenberg deu-lhe a devida dimensão literária, comparando-o a Nelson Rodrigues.

No emocionado discurso de agradecimento, que leu sentado, Marcos lembrou o domingo em que viu publicado numa página inteira da *Folha da Manhã* o seu conto de estréia, ilustrado por Belmonte, criador do personagem Juca Pato. Não contou, é claro, que naquela longínqua manhã de 1942 em que abriu o jornal encontrava-se no Padre Bento. Ele sabia que tinha uma dívida de gratidão com o desenhista, a quem pretendia agradecer pessoalmente. Não pôde procurá-lo porque estava preso no sanatório e em seguida, ao fugir de lá, ficaria escondido no Rio de Janeiro, circunstâncias que tampouco mencionaria no discurso, coerente com a atitude de jamais abordar o assunto fora do pequeno círculo que conhecia seu drama. Nesse intervalo, Belmonte morreu.

A dívida só seria resgatada postumamente em 1962, quando Marcos ocupava a vice-presidência da UBE e propôs junto com o irmão Mário Donato a instituição de um concurso para homenagear o intelectual do ano, que receberia o troféu batizado, por sua sugestão, de Juca Pato. A lista dos ganhadores englobaria nomes de peso, entre romancistas (Erico Verissimo, Jorge Amado), poetas (Carlos Drummond de Andrade, Cora Coralina), cronistas (Luis Fernando Verissimo, Rachel de Queiroz), professores (Sérgio Buarque de Holanda, Luís da Câmara Cascudo), juristas (Sobral Pinto, Dalmo Dallari), políticos (Juscelino Kubitschek, Fernando Henrique Cardoso) e religiosos (dom Paulo Evaristo Arns, Frei Betto).

Em seu discurso, que intitulou *Escrevendo na contramão*, depois de evocar longamente a figura de Belmonte e a popularidade de Juca Pato, Marcos destacou a importância política que o prêmio alcançara durante a ditadura militar, quando foi entregue a personalidades perseguidas pelo regime. E aproveitou para abordar uma questão que permaneceu anos e anos entalada na sua garganta. Era aos que o haviam patrulhado que ele, sem citar nomes, se dirigia com sua ironia cortante:

> Chegou-se mesmo a temer que o laureado fosse com seu troféu da cerimônia de entrega diretamente para a cadeia. Depois do Juca Pato, a tortura, a confissão, o suicídio por enforcamento...

Felizmente isso nunca sucedeu. Pelo contrário, podemos reconhecer agora, aqui, entre amigos, que durante aquele período obscuro muita coisa andou se confundindo. Por exemplo: rebeldia com qualidade literária. Engano terrível que beneficiou inúmeras mediocridades, principalmente as que tinham bom relacionamento na imprensa.

Escritores de importância discutível, incaracterísticos, amargando um difícil começo, subitamente colocaram-se ao lado da liberdade, da democracia, dos belos ideais em suma, conseguindo alcançar certo brilho, de falso brilhante, que ofuscou os olhos dos mais ingênuos. No teatro, mais do que na literatura, virou norma olhar-se apenas o conteúdo político, pondo-se de lado a carpintaria teatral e a psicologia dos personagens. Rendia até bom dinheiro.

O cinema também seguiu essa norma. O que importava não era dominar sua complicada técnica, em acelerada evolução, mas a mensagem social e seu imediatismo. Um conceito simplista se firmou. Bastava ter razão para ser genial, um dos muitos males indiretos que sempre resultam das ditaduras.

Evidentemente nem todos os autores eram movidos pelo desejo de aproveitar o momento, faturando em cima de uma quase sempre falsa rebeldia. Outros eram acionados pelo receio de serem acusados de alienação — palavrão que abalava qualquer reputação artística. Ou mesmo acusados de reacionarismo, como logo rotulavam as incansáveis patrulhas ideológicas.

Simplificadamente, só era bom o que fora censurado, proibido, atribuindo-se ao censor a qualidade magnânima de julgar e até de imortalizar. Para justificar certa mediocridade, embora festejada, muitos desses autores apregoavam, devido às circunstâncias, ter engavetado suas melhores produções. Doloroso. Mas quando, enfim, terminada a censura, podendo-se abrir todas as gavetas, constatou-se que uma incrível praga de traças havia devorado tais obras-primas.

Feito o desabafo, Marcos passou a ler, dois anos e meio antes de morrer, seu testamento pessoal e literário.

MALDIÇÃO E GLÓRIA

Desde meu romance de estréia, que chamei de novela, *Um gato no triângulo*, publicado em 1953, como em contos anteriores, fiz de São Paulo o meu set de filmagem. Porque já amasse a cidade? Não sei. Porque, talvez, com quase meio século de antecedência, já temesse que Fernando Henrique Cardoso pudesse me chamar de caipira...*

Eu não nascera num berço de ouro, mas procurava compensações. O fato de ter nascido numa grande cidade pareceu-me a mais expressiva. O maior centro industrial da América Latina, como anunciavam ruidosamente os bondes. Uma Babel com mais de 1 milhão de habitantes. Meu pai, um gráfico andarilho, costumava levar-me para ver o Edifício Martinelli, ainda em construção. Passeava comigo pela cidade. Mostrava-me as ruas de maior movimento, velhos casarões e os painéis comerciais. Foi, suponho, um dos criadores do turismo municipal, já que ano a ano adiava sua viagem à Europa, que jamais pôde realizar.

Por recear o mesmo destino, o de nunca ultrapassar fronteiras, tornei-me como ele um turista distrital, e saí a fotografar avenidas, alamedas, travessas, becos, viadutos, praças, multidões e pessoas. Principalmente pessoas. Algumas em grupo, outras de frente ou perfil, em plano americano ou close. Umas paradas, outras em movimento. Gente que sorria, francamente ou para disfarçar suas dores, que enfrentava o mundo ou que se escondia, gente que amava ou que se nutria de ódios, que acumulava fortuna ou que fracassava.

Não faltaram nesse álbum alguns idealistas, mas em maior número fotografei, com minha Underwood, boêmios, marginais, injustiçados, cínicos, enfermos sem leitos, cafetinas, desempregados, gente que fora e não era mais, revolucionários confusos, presidiários, vendedores de ilusões, solitários, pré-suicidas, gente que ganhou na loteria, corruptos e até cachorros, como fiz em *O cão da meia-noite*.

O personagem central de *Memórias de um gigolô* foi um desses personagens que existiram e que fotografei. O passador de dinheiro falso de *A arca dos marechais* não inventei. O fugi-

---

* Três meses antes, em entrevista à imprensa portuguesa, o então presidente da República havia se referido aos brasileiros, jocosamente, como "caipiras".

201

tivo político de *O último mamífero do Martinelli* foi gente antes de ser personagem. A todos surpreendi com meu flash. Havia uma população inteira a meu dispor. Milhões de personagens e figurantes.

Não precisaria imaginar histórias. Bastava ouvir pessoas, entendê-las e descobrir para onde iam. Que empolgante romance estavam vivendo, às vezes sem saber disso. O jornalista, o deputado, a dançarina, o vendedor de enciclopédias, o sambista, o ascensorista, o padre, o porteiro do edifício.

Enfim, 55 anos depois de ter sido capturado pela ambulância negra do DPL e da publicação do primeiro de tantos e tantos textos literários, o ex-maldito sentiu que conquistava sua vitória. Pena que Luiz, Marianina, Mário e os companheiros do Padre Bento — sobretudo os que ignoravam que Marcos Rey se chamava Edmundo Donato — não puderam testemunhá-la.

O REENCONTRO

Eles se reencontrariam naquela manhã de 1999 em que o helicóptero decolou do aeroporto Campo de Marte e seguiu na direção do Centro de São Paulo. O helicóptero voou sobre a avenida Tiradentes, embicou à direita na avenida Ipiranga, deixando ao lado a rua do Triunfo, na Boca do Lixo, e alcançou a rua da Consolação, na altura da praça Roosevelt. Foi rapidamente até a rua Major Diogo e retornou para as imediações da Major Sertório. Parecia procurar o Clubinho, o TBC e o Nick Bar, o Oásis, o Barbazul, o salão de Carmen Dolores Barbosa, o restaurante Dom Casmurro, o Paribar dos cento e tantos dias, os Diários Associados, as antigas sedes do Museu de Arte Moderna e do MASP, a Biblioteca Mário de Andrade, o Theatro Municipal, o hotel Esplanada, a Livraria Teixeira, a Livraria Brasiliense, a Rádio Excelsior. Nesses cenários, quando o sol se punha, eles chegavam: seus contemporâneos, seus amigos e seus personagens.

Enquanto o helicóptero preparava a aproximação, todos pareciam sair à calçada, castigados pela luz do dia, a olhar para o alto como se pressentissem a derradeira entrada em cena do homenzinho gorducho que os conhecera tão bem. Sim, estavam ali e lhe acenavam. Madame Antonieta a embaralhar as cartas sebentas, a perfumada Madame Iara à frente das sobrinhas esvoaçantes, dona Betina enfeitada no caixão. Mariano, Lupe, o Valete de Espadas. A suburbana Norma e seus amantes. O treinador de cavalos Juca, solitário como tantos outros. Raul, o Carioca, em traje de motorista daqueles malditos paulistas. A família Manfredi, encenando sua ópera de sabão. O anão Jujuba submerso no banco do passageiro do Mustang cor-de-sangue. Emerich, o passador de dinheiro falso, escapando mais uma vez dos tiras. A balofa Duducha e seu superdotado Rudi. O último mamífero do Martinelli, saído do esconderijo. Os meninos também: Leo, Gino e Ângela, para os quais, na falta do dono, a dálmata Virginia Ebony Spots e o sarnento cão da meia-noite abanavam o rabinho. Os atores de pornochanchada, os sonoplastas de rádio, os locutores da madrugada. As mocinhas esperançosas da TV, os diretores encrenqueiros de novela, os medalhões da Tupi e da Excelsior, as estrelas da Globo. O pessoal das agências de publicidade da rua Marconi. E Lorca, antes de atravessar com imprudência a avenida São Luís.

O pastor Miguel Rizzo iniciou o sermão de advertência aos pecadores. Dona Marianina abriu a Bíblia no Levítico, capítulo 13, versículos 44-6, e o velho Luiz, afastando-se, sorrateiro, ergueu um brinde com a taça de vinho. Mário Donato lançoulhe o derradeiro olhar de irmão, mestre, cúmplice e amigo.

Ocultos, de cabeça baixa, roupas de longas mangas, os colegas de Santo Ângelo, Pirapitingüi, Cocais, Aimorés e Padre Bento a tudo observavam em silêncio. Aliviados, constataram que por perto não havia mais nenhum médico, nenhum guarda sanitário, nenhuma ambulância negra do DPL para apanhá-los.

O helicóptero parou por um momento no ar e, pela fresta da janela, Palma sentiu o vento de outono. Abriu o saquinho de plástico e começou a atirar as cinzas.

— Vai, Marquinhos — despediu-se. — Vai para tuas mariposas, vai com todos eles, vai...

E lá se foi Marcos Rey, com sua maldição e sua glória.

Epílogo

Durante o mês de abril de 1999, logo após a morte de Marcos, Palma Donato ligou para quase todos os antigos amigos e surpreendeu-os ao revelar, com detalhes dramáticos, qual era a doença que seu marido sofrera. "Guardamos esse segredo a vida inteira", explicou para vários deles em longos telefonemas, alguns dos quais duraram duas ou até três horas. "Cumprindo sua vontade, decidi contar o que aconteceu." Em 2004, ela continuava dedicando sua vida à memória e à obra do homem com quem conviveu e de quem cuidou por 39 anos, todos os dias, sem ficarem longe um do outro mais do que umas poucas horas. Criou um site para homenageá-lo (www.marcosrey.com.br). Com 75 anos, bem-apessoada e expansiva, ela visitava periodicamente a Biblioteca Municipal Marcos Rey, inaugurada em 1999 no bairro de Campo Limpo, na Zona Sul de São Paulo, à qual doou livros e objetos que pertenceram a ele. Palma costumava ir lá para dar palestras sobre ele a alunos de escolas públicas da região, que nessas ocasiões apresentavam pequenas encenações baseadas em suas histórias. Quando lhe pediam que autografasse um exemplar, ela escrevia com letras graúdas: "Sempre Marcos Rey".

Sylvio Donato, o último irmão vivo de Marcos, mudou-se com a mulher para Serra Negra, no interior de São Paulo, em junho de 2000. Desde então, relendo os conselhos que o caçula escreveu para ele, passou a fazer crônicas para jornais da região. "Eu agora seguro o mastro da família", dizia com orgulho aos 84 anos.

Sua irmã Lydia Donato de Mello morreu em 2001.

Mário Donato morreu em 26 de abril de 1992, às vésperas de completar 77 anos. Separado pela quarta vez e sem filhos, dividia o apartamento com Lydia, que enviuvara. Havia muito tempo sentia-se solitário e esquecido. Para Marcos, esse foi um dos dias mais tristes de sua vida. No velório, ele recordava que, na adolescência, ganhou do irmão um exemplar do romance *Beau geste*, do inglês P. C. Wren, que narra as aventuras de três irmãos na Legião Estrangeira. Marcos escreveria em um artigo publicado no *Jornal da Tarde*:

> Nos momentos mais difíceis, de perigo mesmo, de nossas vidas, eu instantaneamente lembrava desse livro repleto de ação e gestos nobres. Sentia-me na Legião Estrangeira, nós, cercados e atacados, sedentos, ao sol, os últimos do forte. Em diversas ocasiões, quando tudo parecia perdido, como na ficção, retornávamos à Legião Estrangeira, onde, diante de toda sorte de riscos, reforçávamos a amizade que as agruras iam solidificando. Não fomos irmãos e amigos apenas de festas natalinas, batizados, eventos familiares. Estivemos no forte, combatemos em seteiras vizinhas.

Marianina Donato passou seus quatro anos finais em uma casa de repouso para idosos no bairro paulistano da Água Branca, a Morada do Sol, com fachada bege, venezianas verdes e uma palmeira no jardim. Até ela morrer, em 13 de julho de 1988, com 94 anos, os filhos mantiveram a tradição das visitas dominicais. Cada vez que Marcos ia vê-la, ela lhe perguntava em italiano: "*Hai lavoro, figlio mio?*" — Tem trabalho, meu filho?

Luiz Donato foi obrigado a deixar a casa da alameda Ribeiro da Silva, onde morou durante 34 anos, por decisão dos filhos, que achavam mais prudente que ele e Marianina, ambos com problemas de saúde, fossem residir ao lado de Lydia, no bairro da Pompéia. No dia da mudança, assim que o caminhão saiu de lá com os móveis e sua biblioteca, ele encostou-se na escadinha de entrada para chorar. Mário e a nora Cacilda o levaram amparado até o carro. Morreu em menos de um ano, em 12 de dezembro de 1972, uma semana antes de fazer 82 anos. Segundo Marcos, ele sorria no caixão.

Há poucas pessoas vivas entre os contemporâneos de Santo Ângelo e do Padre Bento do jovem Edmundo Donato. No final de 2003, quase sessenta anos depois de saírem do sanatório, como fugitivos ou por terem recebido alta, pelo menos três delas ainda escondiam dos amigos e mesmo de parentes próximos a doença que sofreram. Essas três pessoas deram depoimentos ao autor com a condição de que seus nomes não fossem mencionados. Outro dos últimos sobreviventes daquela época era o advogado Fuad Abílio Abdala, que foi durante cerca de dez anos o responsável pela biblioteca do Padre Bento e a quem Edmundo recorria para retirar por empréstimo, em primeira mão, os livros recém-chegados. As seqüelas da doença deixariam Abdala cego após sua saída do sanatório, em 1948. Ele se formaria em 1981, aos 62 anos, por uma das mais prestigiosas instituições de ensino superior do país, a Faculdade de Direito da Universidade de São Paulo. Após assistir às aulas, estudava ouvindo a leitura em voz alta que sua mulher, Palmira Abdala, fazia para ele dos compêndios jurídicos adotados no curso. Com insensibilidade nas mãos, outra conseqüência da moléstia, Abdala não pôde aprender o alfabeto braile para ler.

Conceição da Costa Neves morreu em 15 de julho de 1989, vinte anos depois de ter sido cassada pelo AI-5, que encerrou sua carreira política. Ela tinha oitenta anos. Sua foto permanece pendurada na sede da antiga Caixa Beneficente do Sanatório Padre Bento, junto ao abandonado cine-teatro onde eram encenadas as peças que Edmundo Donato escreveu no período em que ali esteve internado.

Francisco de Salles Gomes Jr. prometeu que, através do isolamento compulsório, a hanseníase seria extinta em São Paulo no início da década de 50. Não foi o que aconteceu. Estatísticas do extinto Departamento de Profilaxia da Lepra, levantadas pela professora Yara Monteiro, mostram que entre 1931 e 1935 o número de doentes no estado era de 5893 pessoas; entre 1946 e 1950, 7875; e entre 1966 e 1979, período em que o isolamento chegou ao fim, 7843. Em 2002, o Ministério da Saúde registrou 4929 portadores da moléstia em São Paulo e 77 724 no Brasil, onde sua incidência só era menor do que a da Índia. De acordo com a Organização Mundial de Saúde, em 2003 a hanseníase só permanecia como um problema de saúde pública em dez países: o Brasil, a Índia e oito nações africanas. Hoje em dia, os hansenianos podem se tratar em ambulatórios públicos ou em consultórios particulares e levar uma vida normal, mas o estigma social em torno da moléstia, embora tenha diminuído, não desapareceu. Nem a cortina de silêncio que sempre foi baixada sobre ela.

Salles Gomes morreu na manhã de 4 de dezembro de 1972, de insuficiência cardíaca, aos 84 anos, na rua Mercedes, 268, Alto da Lapa, São Paulo. Residia nessa casa com sua segunda mulher, Maria Aparecida Lucas Salles Gomes, conhecida como Cidinha. Magra, alta, de cabelos claros, ela era filha de um coletor federal e nasceu em Capão Bonito, no interior do estado. "Muito jovem, tia Cidinha foi morar com parentes em São Paulo para tratar de manchas que lhe apareceram na pele", conta uma de suas sobrinhas, a professora Margarida Maria Bloes. "Saiu de nossa cidade triste com os comentários de que era portadora de hanseníase."

Cidinha procurou espontaneamente o DPL. De acordo com o aposentado João Tondone Lucas, em 2003 seu único irmão vivo, quem a atendeu foi o próprio Salles Gomes, que ainda dirigia o departamento. "O diagnóstico deu negativo", afirma Lucas. "Eram apenas manchas." Dentro da família Salles Gomes, porém, ficou uma dúvida. "É possível que ela tenha contraído uma forma indeterminada ou tuberculóide da doença, que regrediu", diz a neurologista Athaly Martins de Castro, viúva de um dos primos de Salles Gomes, o dermatologista Raymundo Martins de Castro.

Pouco depois de conhecer Cidinha, Salles Gomes iniciou um longo relacionamento com ela, que era 32 anos mais jovem e a quem incentivou a estudar francês. Casaram-se em 1960 no cartório de Santa Cecília, após a morte de Gilda Moreira Salles Gomes, de quem o médico estava separado havia vários anos. "Quando ele ficou doente, no final da vida, Cidinha cuidou dele com grande dedicação", testemunha Athaly. Cidinha, que procurava esconder as mãos quando era fotografada, não teve filhos e morreu no dia 15 de julho de 1980. Athaly, João Lucas e Margarida Bloes dariam, em ocasiões diferentes, a mesma informação: ela foi enterrada no túmulo da família Salles Gomes, no cemitério da Consolação. Na sepultura, quadra 74, terreno 11, há doze placas. Nenhuma com seu nome.

Agradecimentos

Muito obrigado a Palma Bevilacqua Donato. Foi ela quem me deu a idéia deste livro. À saída do velório de Marcos Rey, disse-me que, um dia, eu deveria escrever sobre a vida de seu marido. Três anos depois, numa manhã de verão, nos encontramos por acaso ao lado das barracas de peixe da feira livre da praça Charles Miller, em frente ao estádio do Pacaembu, e eu lhe contei que aquela sugestão nunca havia saído de minha cabeça. "Então, por que você não escreve?", ela me cobrou. Marcamos um encontro para o sábado seguinte e iniciamos uma série de longas entrevistas. Sem ela, que confiou em mim, abriu seu coração e me deu acesso aos seus arquivos, este livro não existiria.

Obrigado a Leonel Kaz e Alberto Schprejer, os primeiros a acreditar no projeto.

Obrigado a Ricardo Soares pela generosidade.

Obrigado a Artur Xexéo, Joaquim Ferreira dos Santos e Luis Fernando Verissimo, que, na Coréia do Sul, enquanto a Seleção Brasileira se preparava para estrear na Copa do Mundo de 2002, me estimularam a ir em frente.

Obrigado a Ivan Angelo, Humberto Werneck e Walcyr Carrasco pelos bons conselhos.

Obrigado a Fernando Morais por me indicar caminhos e por seu caloroso incentivo. Só depois que conversamos durante duas horas, enquanto bebíamos um vinho Baron de Chirel e ele fumava um de seus havanas, é que achei viável o que começava a fazer.

Obrigado a Ricardo A. Setti, um de meus mestres no jornalismo. Sem suas impecáveis, brilhantes e rigorosas observações, feitas em um momento difícil de sua vida, não sei, francamente, o que seria deste trabalho.

Obrigado a cada um dos entrevistados, relacionados a seguir, em especial a Aníbal Massaini Neto, Anna Maria Martins, Armando Thyrso Ribeiro de Souza e Stella Carr, que além de seu tempo cederam vídeos, publicações e papéis relevantes; e Carlos Soulié do Amaral, cuja memória prodigiosa me fez conhecer uma São Paulo de há muito desaparecida.

Obrigado em especial à dermatologista Marli Penteado Manini, que com didatismo, sabedoria e paciência me ensinou o que é a hanseníase, corrigiu meus erros, foi atrás de documentos decisivos e me emprestou suas raridades bibliográficas; e a Sônia Letayf Lipszyc, que durante quase um mês, diariamente, mandava-me de Paris suas lembranças de fatos ocorridos há quase meio século.

Obrigado aos três contemporâneos de Edmundo Donato no Padre Bento que me deram informações preciosas sobre o cotidiano no sanatório e preferiram permanecer no anonimato.

Obrigado a Gabriele Berton, avalista de alguns depoimentos fundamentais.

Obrigado a Sérgio Ribeiro, que localizou na Assembléia Legislativa de São Paulo, com precisão e rapidez, um tesouro ao qual, sem ele, eu jamais teria acesso.

Obrigado a Adriana Salles Gomes, que me abriu tantas e tão importantes portas.

Obrigado à doutora Athaly Martins Castro que, mais do que uma entrevistada, foi uma incansável e competente repórter.

Obrigado, pelas mesmas razões, a Margarida Maria Bloes.

Obrigado a Wladir Dupont, que desde o início assumiu este livro quase como se fosse dele e, da Cidade do México, tornou-se meu principal pauteiro.

Obrigado a Sylvio Donato, Cacilda Donato, Sylvia Donato Azevedo e Vânia Cardoso pelas relíquias e memórias de sua família.

Obrigado a Erika Sallum e Lúcia Monteiro pela ajuda eficaz, e a Rodrigo Pereira, que compartilhou comigo seu admirável conhecimento do cinema paulista.

Obrigado a Tales Alvarenga, diretor editorial da revista *Veja*, por ter permitido que eu me afastasse durante cinco meses da redação de *Veja São Paulo*.

Obrigado a Alecsandra Zapparoli, meu braço direito em *Veja São Paulo*, por ter trabalhado em dobro nesse período.

Obrigado a Pedro Nogueira, que conhece todos os caminhos de São Paulo e Guarulhos.

Obrigado, por me ajudarem na hora certa, a Arnaldo Lorençato, a Carlos Brickmann, Daniella Costa de Almeida, Ester Aparecida Lucas, Geraldo Hasse, Gerson Fernando Mendes Pereira, Rosani Abou Adal, Rubens Oliveira Santos e Sérgio Berezovsky.

Obrigado, por terem sido muito mais do que profissionais, a Luiz Schwarcz, Maria Emília Bender e Paulo Werneck. Schwarcz e Maria Emília deram uma generosa demonstração de tolerância diante de minhas teimosias. As quase duzentas sugestões apresentadas pelo jovem Werneck foram, em sua quase totalidade, relevantes para o resultado final da edição. É claro que as falhas remanescentes são de minha inteira responsabilidade.

Obrigado, sobretudo, às pessoas que havia anos e anos mais me estimulavam a escrever um livro como este: minha mãe, Maria Domicilla de Souza Maranhão, meu filho Tiago, que soube exigi-lo com sutileza e persistência, Jairo Régis, Maricy Régis, Juca Kfouri e, espero que ela não tenha esquecido, Maria Elci Spaccaquerque Barbosa.

Obrigado a Sandra Brasil pelo apoio, estímulo e carinho permanentes.

Obrigado à minha filha Gabriela, que acompanhou tudo e teve paciência para me agüentar falando, no café-da-manhã, no almoço, no jantar, praticamente só de Marcos Rey, Salles Gomes e Conceição da Costa Neves. Ainda por cima, para poder usar um pouco este nosso computador, esperava sem resmungos que eu fosse dormir e sonhar com eles.

Obras de Marcos Rey

LIVROS

CONTOS, NOVELAS E ROMANCES

Um gato no triângulo (novela), Saraiva, 1953.

Café na cama (romance), Autores Reunidos, 1960 / Companhia das Letras, 2004.

Entre sem bater (romance), Autores Reunidos, 1961.

Ferradura dá sorte? (romance), Edaglit, 1963 [republicado como *A última corrida*, Ática, 1982].

O enterro da cafetina (contos), Civilização Brasileira, 1967.

Memórias de um gigolô (romance), Senzala, 1968 / Companhia das Letras, 2003.

O pêndulo da noite (contos), Civilização Brasileira, 1977.

Soy loco por ti, América! (contos), L&PM, 1978.

Ópera de sabão (romance), L&PM, 1979 / Companhia das Letras, 2003.

Malditos paulistas (romance), Ática, 1980 / Companhia das Letras, 2003.

A arca dos marechais (romance), Ática, 1985.

Esta noite ou nunca (romance), Ática, 1988.

A sensação de setembro (romance), Ática, 1989.

O último mamífero do Martinelli (novela), Ática, 1995.

Os crimes do olho-de-boi (romance), Ática, 1995.

Fantoches! (novela), Ática, 1998.

INFANTO-JUVENIS

Não era uma vez, Scritta, 1980.
O mistério do cinco estrelas, Ática, 1981.
O rapto do garoto de ouro, Ática, 1982.
Um cadáver ouve rádio, Ática, 1983.
Sozinha no mundo, Ática, 1984.
Dinheiro do céu, Ática, 1985.
Enigma na televisão, Ática, 1986.
Bem-vindos ao Rio, Ática, 1987.
Garra de campeão, Ática, 1988.
Corrida infernal, Ática, 1989.
Quem manda já morreu, Ática, 1990.
Na rota do perigo, Ática, 1992.
Um rosto no computador, Ática, 1993.
24 horas de terror, Ática, 1994.
O diabo no porta-malas, Ática, 1995.
Gincana da morte, Ática, 1997.

OUTROS TÍTULOS

Habitação (divulgação), Donato Editora, 1961.
Os maiores crimes da história (divulgação), Cultrix, 1967.
Proclamação da República (paradidático), Ática, 1988.
O roteirista profissional (ensaio), Ática, 1994.
Brasil, os fascinantes anos 20 (paradidático), Ática, 1994.
O coração roubado (crônicas), Ática, 1996.
O caso do filho do encadernador (autobiografia), Atual, 1997.
Muito prazer, livro (divulgação), obra póstuma inacabada, Ática, 2002.

TELEVISÃO

SÉRIE INFANTIL

O Sítio do Picapau Amarelo (com Geraldo Casé, Wilson Rocha e
Sylvan Paezzo), TV Globo, 1978-85.

MINISSÉRIES

Os Tigres, TV Excelsior, 1968.
Memórias de um Gigolô (com Walter George Durst), TV Globo, 1985.

NOVELAS

O Grande Segredo, TV Excelsior, 1967.
Super Plá (com Bráulio Pedroso), TV Tupi, 1969-70.
Mais Forte que o Ódio, TV Excelsior, 1970.
O Signo da Esperança, TV Tupi, 1972.
O Príncipe e o Mendigo, TV Record, 1972.
Cuca Legal, TV Globo, 1975.
A Moreninha, TV Globo, 1975-6.
Tchan!, a Grande Sacada, TV Tupi, 1976-1977.

CINEMA

FILMES BASEADOS EM SEUS LIVROS E PEÇAS

Memórias de um gigolô, 1970, direção de Alberto Pieralisi.
O enterro da cafetina, 1971, direção de Alberto Pieralisi.
Café na cama, 1973, direção de Alberto Pieralisi.
Patty, a mulher proibida (baseado no conto "Mustang cor-de-sangue"), 1979, direção de Luiz Gonzaga dos Santos.
O quarto da viúva (baseado na peça *A próxima vítima*), 1976, direção de Sebastião de Souza.
Ainda agarro esta vizinha (baseado na peça *Living e w.c.*), 1974, direção de Pedro Rovai.

ARGUMENTOS E ROTEIROS

Quanto mais samba, melhor, 1960, direção de Carlos Manga.
Entre mulheres e espiões, 1961, direção de Carlos Manga.
O enterro da cafetina, 1971, direção de Alberto Pieralisi.
O grande xerife, 1971, direção de Pio Zamuner.

A filha de madame Betina, 1972, direção de Jece Valadão.

As cangaceiras eróticas, 1974, direção de Roberto Mauro.

Sedução, 1974, direção de Fauzi Mansur.

O clube das infiéis, 1974, direção de Cláudio Cunha.

As secretárias que fazem de tudo (1º episódio: *A moça que veio servir o café*; 2º episódio: *Fazer o que em Paris?*; 3º episódio: *Avante, C.C. S.*), 1974, direção de Alberto Pieralisi.

O supermanso, 1974, direção de Ary Fernandes.

As alegres vigaristas (2º episódio: *O padre e a modelo*), 1974, direção de Carlos Alberto de Souza Barros.

Cada um dá o que tem (2º episódio: *Cartão de crédito*, direção de John Herbert), 1975.

A noite das fêmeas, 1975, direção de Fauzi Mansur.

O sexualista, 1975, direção de Egydio Eccio.

As loucuras de um sedutor (com Alcides Diniz, Alcino Diniz e André José Adler), 1976, direção de Alcino Diniz.

Nem as enfermeiras escapam, 1976, direção de André José Adler.

Belas e corrompidas, 1976, direção de Fauzi Mansur.

O guarani, 1978, direção de Fauzi Mansur.

O inseto do amor, 1978, direção de Fauzi Mansur.

Patty, a mulher proibida, 1979, direção de Luiz Gonzaga dos Santos.

TEATRO

Eva, 1942.

A próxima vítima, 1967.

Living e w.c., 1972.

Os parceiros (*Faça uma cara inteligente e depois pode voltar ao normal*), 1977.

A noite mais quente do ano (inédita).

BIBLIOGRAFIA

Livros e artigos

ANAIS da Assembléia Constituinte de São Paulo de 1947.

ANDRADE, Oswald de. *Os dentes do dragão: entrevistas.* 2. ed. São Paulo, Globo, 1990.

_____. *Telefonema.* São Paulo, Globo, 1996.

_____. *Um homem sem profissão.* 2. ed., São Paulo, Globo, 2002.

BARCINSKI, André e FINOTTI, Ivan. *Maldito: a vida e o cinema de José Mojica Marins, o Zé do Caixão.* São Paulo, Editora 34, 1998.

BECHELLI, Luiz Marino e ROTBERG, Abrahão. *Compêndio de leprologia.* 2. ed., Rio de Janeiro, Ministério da Saúde, 1956.

CARR, Stella. *O fantástico homem do metrô.* 12. ed., São Paulo, Moderna, 1992.

COSTA NEVES, Conceição da. *Rua sem fim: memórias.* São Paulo, Editora das Américas, 1984.

DICIONÁRIO da TV Globo, vol. 1, Projeto Memória das Organizações Globo, Rio de Janeiro, Jorge Zahar Editor, 2003.

FARROW, John. *Damião, o leproso.* 3. ed., Rio de Janeiro, Livraria José Olympio Editora, 1952.

FERREIRA SIMÕES, Inimá. *Aspectos do cinema erótico paulista.* São Paulo, ECA/USP, 1984.

_____. *O imaginário da Boca.* São Paulo, Departamento de Informação e Documentação Artística, Secretaria Municipal de Cultura, 1961.

FONSECA, Mariá Augusta. *Oswald de Andrade: biografia,* São Paulo, Art Editora, Secretaria de Estado da Cultura de São Paulo, 1980.

GAMA, Lúcia Helena. *Nos bares da vida: produção cultural e sociabilidade em São Paulo, 1940-1950*. 2. ed., São Paulo, Editora Senac, 1998.

HOMEM DE MELLO, Zuza. *A era dos festivais: uma parábola*. São Paulo, Editora 34, 2003.

LEÃO DA SILVA NETO, Antônio. *Dicionário de filmes brasileiros*. São Paulo, Futuro Mundo Gráfica & Editora, 2002.

LETAYF, Sônia. "Recherche sur la mentalité des malades de la lèpre", in *Revista de Psicologia Normal e Patológica*, Instituto de Psicologia da Universidade Católica de São Paulo, ano 1, n. 1, janeiro-março de 1955.

MANUAL Merck de Medicina: diagnóstico e tratamento. 16. ed., São Paulo, Editora Roca, 1995.

MARTINELLI, Sérgio. *Vera Cruz: imagens e histórias do cinema brasileiro*. São Paulo, Abooks, 2002.

MARTINS, Anna Luisa. *Aí vai meu coração: cartas de Tarsila do Amaral e Anna Maria Martins para Luís Martins*. São Paulo, Planeta, 2003.

MARTINS, Luís. *Um bom sujeito*. São Paulo, Paz e Terra, Secretaria Municipal de Cultura de São Paulo, 1983.

MAURANO, Flávio. *História da lepra em São Paulo*, vols. 1 e 2, São Paulo, Revista dos Tribunais, 1939.

MEDEIROS e ALBUQUERQUE, Paulo de. *O mundo emocionante do romance policial*. Rio de Janeiro, Livraria Francisco Alves Editora, 1979.

MELLO SOUZA, José Inácio de. *Paulo Emílio no Paraíso*. Rio de Janeiro, Record, 2002.

MENDES CATANI, Afrânio. *A sombra da outra: a Cinematográfica Maristela e o cinema industrial paulista dos anos 50*. São Paulo, Panorama Comunicações, 2002.

MORAES, Dênis de. *Vianinha, cúmplice da paixão: uma biografia de Oduvaldo Vianna Filho*. Rio de Janeiro, Record, 2000.

MURAHOVSCHI, Jayme. *Pediatria: diagnóstico + tratamento*. 4. ed., São Paulo, Sarvier, 1987.

NOGUEIRA MONTEIRO, Yara. "Da maldição divina à exclusão social: um estudo da hanseníase em São Paulo" (tese de doutoramento apresentada à Faculdade de Filosofia, Letras e Ciências Humanas da USP), São Paulo, 1995.

_____. Hanseníase: história e poder no Estado de São Paulo, in *Hansenologia Internationalis*, Instituto de Saúde, vol. 12, n. 1, São Paulo, junho de 1987.

NOVAES COELHO, Nelly. *Dicionário crítico da literatura infantil e juvenil brasileira*. 4. ed., São Paulo, Edusp, 1995.

ORTIZ RAMOS, José Márcio. O cinema brasileiro contemporâneo (1970-1987), in *História do cinema brasileiro*, São Paulo, Art Editora, 1987.

PRADO, Luís André do. *Cacilda Becker: fúria santa*. São Paulo, Geração Editorial, 2002.

RAMOS, Fernando Pessoa e MIRANDA, Luiz Felipe A. de (orgs.). *Enciclopédia do cinema brasileiro*. São Paulo, Editora Senac, 2000.

REBOLLO GONÇALVES, Lisbeth. *Sérgio Milliet, crítico de arte*. São Paulo, Edusp, Perspectiva, 1992.

RIBEIRO, Solano Ribeiro. *Prepare seu coração*. São Paulo, Geração Editorial, 2002.

SAMPAIO, Sebastião A. P.; CASTRO, Raymundo M.; e RIVITTI, Evandro. *Dermatologia básica*. 3. ed., São Paulo, Editora Artes Médicas, 1985.

SANTOS, Joaquim Ferreira dos. *Antônio Maria: noites de Copacabana*. Rio de Janeiro, Relume Dumará, 1996.

SILVEIRA, Joel. *Grã-finos em São Paulo e outras notícias do Brasil*. São Paulo, s.e., 1945.

SIMÕES BORELLI, Sílvia Helena. *Ação, suspense, emoção: literatura e cultura de massa no Brasil*. São Paulo, Educ/Estação Liberdade, 1996.

TEIXEIRA SCAVONE, Rubens. *Faulkner & cia*. São Paulo, Editora Soma, 1984.

VAN STEEN, Edla. *Viver & escrever*, vol. 2, Porto Alegre, L&PM, 1982.

Periódicos

Afinal
Atenção
Coojornal
Cooperhodia
Correio Paulistano
Debate
Diário de S. Paulo
Folha da Manhã
Folha de S.Paulo
Globo Rural
Jornal da Tarde
Jornal do Brasil
Leitura
Lui
O Estado de S.Paulo
O Globo
O Tempo
Revista Cespaulista
Revista da Abigraf
Revista do Shopping Iguatemi
Shopping News
Thot
Última Hora
Veja
Veja São Paulo
VIP

Entrevistados

Abrahão Rotberg
Adriana Salles Gomes
Aníbal Massaini Neto
Anna Maria Martins
Antônio Barbosa
Armando Thyrso Ribeiro de
  Souza
Athaly Martins Castro
Cacilda Donato
Carlos Soulié do Amaral
Clarice Berto
Domingos Norberto Aletti
Elly Anna Salles Gomes
Fanny Abramovich
Fauzi Mansur
Fernando Paixão
Fuad Abílio Abdala
Fúlvio Stefanini
Geraldo Pinto Rodrigues
Haydée Guersoni
Humberto Mariotti
Irma Pantalena
Ivan Uchoa
Jiro Takahashi
João Baptista Sayeg
João Tandone Lucas
José Nêumanne Pinto

José Roberto Melhem
Joseph Kantor
Luiz Cursi
Lygia Fagundes Telles
Margarida Maria Bloes
Maria Gabriela Mielzynska
Mário Teixeira
Marli Penteado Manini
Noedir Morais Correia
Orlando Marques
Palma Donato
Rachel Bueno d'Horta
Roberto Duailibi
Saïd Farhat
Saul Galvão
Sérgio Telles
Silvio Fiorani
Sonia Letayf Lipszyc
Stella Carr
Sylvia Donato Azevedo
Sylvio Donato
Vânia Cardoso
Vera d'Horta
Wilson Martins
Wladir Dupont
Yara Nogueira Monteiro

Créditos das imagens

Todos os esforços foram feitos para encontrar a autoria das imagens publicadas neste livro. Nem sempre isso foi possível. Teremos prazer em creditá-las, caso sejam determinadas.

Frontispício: Edmundo Donato (Marcos Rey) na juventude. Acervo Palma Donato.

Segunda capa: Aerofotogrametria do Centro de São Paulo, 1958. Imagem gentilmente cedida por BASE Aerofotogrametria e projetos S.A.

1 a 7. Acervo Palma Donato.

8. Acervo *Última Hora*. Arquivo do Estado de São Paulo. Reprodução de J. S. Rangel.

9. *Diário da Noite*, 27/06/1945.

10. Fotografia de Hildegard Rosenthal. Acervo Instituto Moreira Salles.

11. *Folha da Noite*, 1945.

12. *O Escritor*. Jornal da União Brasileira de Escritores (UBE), outubro de 1996.

13 a 19. Acervo Palma Donato.

20. Acervo *Última Hora*. Arquivo do Estado de São Paulo. Reprodução de J. S. Rangel.

21. Folha Imagem.

22. Acervo *Última Hora*. Arquivo do Estado de São Paulo. Reprodução de J. S. Rangel.

23 a 29. Acervo Palma Donato.

30. Fotografia de Lúcio Marreiro. Editora Abril.

31 e 32. Agência O Globo.

33, 34 e 35. Acervo Cinemateca Brasileira.

36. Fotografia de Ozualdo R. Candeias. Acervo Cinemateca Brasileira.

37. Acervo Cinemateca Brasileira.

38 a 41. Acervo Palma Donato.

Terceira capa: Aerofotogrametria do Centro de São Paulo, 1973. Imagem gentilmente cedida por BASE Aerofotogrametria e projetos S.A.

ÍNDICE REMISSIVO

Abaporu, tela de Tarsila do Amaral, 99

Abdala, Fuad Abílio, 43, 127, 207

Abdala, Palmira, 207

Abismo de rosas, valsa de Américo Jacomino [Canhoto], 79

Abramovich, Fanny, 143

Abreu Sodré, Roberto de, 71, 191

Abreu, Casimiro de, 140

Abreu, Sílvio de, 163, 179

Absalão, Absalão!, romance de William Faulkner, 102

Academia Brasileira de Letras, 117, 190

Academia Paulista de Letras, 11, 13, 41, 48, 81, 88, 146-7, 190, 192, 198

Ainda agarro esta vizinha, filme adaptado do texto *Living e w.c.*, de Marcos Rey, 163, 164, 172

Ajzenberg, Bernardo, 198

Alcântara Madeira, José de, 83-4

Alexandre, o grande, tragédia de Racine, 120

Allegro desbum [*Allegro desbundaccio*], peça de Vianinha, 164-5, 167-71

Almeida Prado, Decio de, 48, 93

Almeida, Abílio Pereira de, 90

Almeida, Dario de, 111

Almeida, Estevam de, 142

Almeida, Guilherme de, 107, 119, 122, 156-7

Alves, Carlos, 157

Alves, Francisco, 58

Amado, Jorge, 130, 162, 199

Amaral, Carlos Soulié do, 156-7

Amaral, Tarsila do, 88, 99

Amicis, Edmondo de, 22, 39

Anarquistas, Graças a Deus, minissérie da TV Globo, 194

Andrade, Carlos Drummond de, 151, 161, 189, 199

Andrade, Marília de, 100

Andrade, Mário de, 11, 108, 153, 155

Andrade, Nonê de, 107

Andrade, Oswald de, 99-100, 103-9, 134

Andrade, Paulo Marcos de, 100

Andrômaca, tragédia de Racine, 120

Anjo de pedra, peça de Tennessee Williams, 114

"antropófago de Cadillac, Um", projeto de livro de Marcos Rey e Oswald de Andrade, 106

Anysio, Chico, 164

arca dos marechais, A, romance de Marcos Rey, 18, 201

Arning, médico alemão, 54

Arns, dom Paulo Evaristo, 199

Assis Chateaubriand, 88, 93
Autran, Paulo, 90
Avancini, Walter, 16
Azevedo, Álvares de, 140
Azevedo, Dionísio, 160

b... de ouro, A, episódio de *Os
mansos,* filme de Pedro Carlos
Rovai, 179
Balé Bolshoi, 178
Balzac, Honoré de, 76, 119
Bambi, filme de Walt Disney, 73
"Banda, A", canção de Chico
Buarque, 156
Bandechi, Brasil, 157
Bandeira, Manuel, 161
Bandido da luz vermelha, O, filme
de Rogério Sganzerla, 177
"bar dos cento e tantos dias, O",
conto de Marcos Rey, 19, 154
Barbosa, Adoniran, 34
Barbosa, Carmen Dolores, 100-2,
105, 203
Barcelos, Jaime, 90, 95
Bardi, Pietro Maria, 93
Barros, Adhemar de, 42, 93
Barros, Fernando de, 179
Barros, João Alberto Lins de, 48
Baudelaire, Charles, 119-20
Beau geste, romance de P. C.
Wren, 206
Beauvoir, Simone de, 155
Bechelli, Luiz Marino, 70
Becker, Cacilda, 85, 90, 95
Beethoven, Ludwig van, 79
Bell, Lindolfo, 156
Belmonte, Benedito Bastos
Barreto, *dito,* 40, 198-9
*bem-dotado — O homem de Itu,
O,* filme de José Miziara, 179

Bernstein, Leonard, 93
Betto, Frei, 199
Bevilacqua, Donato, 133
Bevilacqua, Irene, 134
Bichard, Anaïs Françoise, 53
Bienal Internacional de Arte, 88
Bloes, Margarida Maria, 209
Bocage, Manoel Maria Barbosa
du, 161
Bola de sebo, livro de Guy de
Maupassant, 39
bom pastor, O, filme de Leo
McCarey, 31
Borges, Sonia Houston Veloso,
47-8
Botelho, Eusébio Egas, 50
Boufflers, Henriette Denise
[Kamiá], 107
Braga, Rubem, 101-2
Braque, Georges, 155
Brasília Kubitschek de Oliveira,
livro de Ronaldo Costa Couto,
9
Bréa, Sandra, 179
Brecheret, Victor, 107, 134
Bressane, Júlio, 177
Bruno, Nicete, 160
Buarque de Holanda, Chico, 156,
178
Buarque de Holanda, Sérgio, 147,
199

Cabral de Melo Neto, João, 101
Cacilda Becker: fúria santa, livro
de Luís André do Prado, 96
Cada um dá o que tem, filme de
John Herbert, 179
Café na cama, romance de Marcos
Rey, 16, 19, 87, 129, 144, 146
Cain, James, 78

MALDIÇÃO E GLÓRIA

Câmara Cascudo, Luís da, 199
Caminhos da Metrópole, radiono-
vela da Rádio Excelsior, 85
Campos, Aurélio, 117, 120-1
"Canção do expedicionário, A",
canção de Spartaco Rossi, 86
Candeias, Ozualdo, 177
Candido, Antonio, 48
cangaceiras eróticas, As, filme de
Roberto Mauro, 15, 180
cangaceiro, O, filme de Vitor de
Lima Barreto, 155
cão da meia-noite, O, livro de
Marcos Rey, 201
Capitalismo monopolista, livro de
Baran e Sweezy, 169
Cardoso, Fernando Henrique,
199, 201
Cardoso, Lúcio, 102
Cardoso, Sérgio, 90-1, 95
Carillo, Heitor, 114
Carillo, João, 114
Carr, Stella, 29, 143, 184
Carrero, Tônia, 90, 96
Carvalho, Flávio de, 102, 113,
147, 155
Carvalho, Joubert de, 146
Carvalho, Marcelino de, 113, 147
Carvalho, Paulo Gontijo de
[Polera], 146
Carvalho, Paulo Machado de, 113
casa Tellier, A, livro de Guy de
Maupassant, 39
Casé, Geraldo, 162
caso do filho do encadernador, O,
autobiografia de Marcos Rey, 39
Caso Especial, programa da TV
Globo, 164
Castello Branco, Camilo, 58
Castro, Athaly Martins de, 209

Castro, Raymundo Martins de,
209
Cavalcanti, Di, 93, 147
cavaleiros da praga divina, Os,
romance de Marcos Rey, 42, 44
Cearense, Catulo da Paixão, 58
cela da morte, A, romance de
Caryl Chessman, 129
Celi, Adolfo, 90
Centro Popular de Cultura da
União Nacional dos
Estudantes, 164
Cerri, Flaminio Bollini, 90
Céu é o Limite, O, programa da TV
Tupi, 115, 118-9, 122
Chagas, Carlos, 26
Chagas, Walmor, 90
Chão bruto, livro de Hernâni
Donato, 40
Chapetuba futebol clube, peça de
Vianinha, 164
Chessman, Caryl, 129
Chopin, Frédéric, 113
Clima, revista, 48
clube dos infiéis, O, filme de
Cláudio Cunha, 180
Coelho, Luiz Lopes, 147
Colon, Jeny, 121
Companhia Cinematográfica Vera
Cruz, 88, 90
Compêndio de leprologia, livro de
Luiz Marino Bechelli e Abrão
Rotberg, 70
Concerto em fá, de George
Gershwin, 16, 79-80
Congresso Internacional de
Escritores, 101
Conrad, Joseph, 78
Contos de galinhola, livro de Guy
de Maupassant, 39

Cora Coralina, 199
Coração, romance de Edmondo de Amicis, 22, 39
Corimbaba de Souza, Cláudio, 75-6, 147
Corona, Lauro, 16
Corpo a corpo, peça de Vianinha, 164, 168-9
Correia, Noedir Morais, 76
Correia, Osvaldo, 62
Correia, Viriato, 39
Correio da Manhã, 99, 104, 122
Correio do Povo, 190
Correio Paulistano, 62, 84
Coscia, Irma, 66-7
Coscia, Rafael, 66
Costa e Silva, Artur da, 70
Costa Couto, Ronaldo, 9
Costa Neves, Conceição da, 29-30, 56-62, 64-5, 69-71, 83, 104-5, 208
Costa Neves, Soninha, 58-9
Costa, Armando, 164-6, 169-71, 179
Costa, Fernando, 29, 59-60, 70
Costa, Pedro Geraldo, 85
Costa, Victor, 111
Coutinho, Afrânio, 102
Cravo e a Rosa, O, telenovela da TV Globo, 194
crimes do olho-de-boi, Os, romance de Marcos Rey, 197
Crosby, Bing, 31
Cruz, Oswaldo, 25
Cuca Legal, telenovela da TV Globo, 159
Cunha, Euclides da, 108
Cursi, Luiz, 68

D'Alkmin, Maria Antonieta, 100, 108
D'Aversa, Alberto, 90
D'Ávila, J., 175
Dall'Olio, Primo, 68, 73, 131
Dallari, Dalmo, 199
Damião, o leproso, livro de John Farrow, 53
Dante Alighieri, 36
Del Ré, Maria, 40
Della Costa, Maria, 96, 163
diabo no porta-malas, O, novela policial de Marcos Rey, 186
Diário da Noite, 98
Diário de S. Paulo, 122
Diário do Comércio e Indústria, 98
Dias, Anderson Fernandes, 183-4
Dinheiro do céu, romance de Marcos Rey, 16, 186
Disney, Walt, 73
"Disparada", canção de Geraldo Vandré, 156
divina comédia, A, poema de Dante Alighieri, 36
doce esporte do sexo, O, filme de Zelito Vianna, 164
Dolzani, Maria de Lourdes Castro [Daisy], 106-7, 134
Donato, Cacilda, 30
Donato, família, 22, 29, 137, 144
Donato, Hernâni, 40
Donato, Luiz, 21-2, 29-31, 66-7, 78-81, 137-8, 140, 202, 204, 207
Donato, Lydia, 37, 66-7, 79, 128, 206-7
Donato, Marianina Coscia, 29-31, 37, 49, 66-7, 78-9, 81, 137-41, 202, 204, 206-7
Donato, Mário, 37-42, 48, 66-7,

73, 78-85, 89, 93, 95, 100,
102, 110, 125, 128-30, 132,
134, 139, 146-7, 149, 153,
161, 189, 191, 196, 199, 202,
204, 206-7
Donato, Palma Bevilacqua, 13-4,
32, 44-5, 49, 131-51, 160-2,
189, 198, 204-5
Donato, Sylvio, 29-32, 37, 66-7,
79, 128, 130, 139, 195-6, 205
Dos Passos, John, 78
Dreiser, Theodore, 17
Duarte, Anselmo, 120, 176
Duarte, Lourdes, 156
Duarte, Paulo, 57, 102, 156
Dupont, Wladir, 192
Durst, Walter George, 194
Dutra e Silva, Farnésio, 92

Elas são do baralho, filme de Sílvio
de Abreu, 175, 179
Ele & Ela, revista, 178
Élis, Bernardo, 151
Embalos alucinantes, filme de José
Miziara, 179
enterro da cafetina, O, livro de
Marcos Rey, 16, 151, 153, 168
Entre sem bater, romance de
Marcos Rey, 16, 19, 145-6
Escrevendo na contramão, discurso
de Marcos Rey, 199
Esta noite ou nunca, romance de
Marcos Rey, 19, 154, 180
Estado de S. Paulo, 17, 37, 40, 42,
79, 88, 93, 98, 131, 146-7
Estrada para o Pecado, radionovela
da Rádio Excelsior, 85
Eu faço... elas sentem, filme de
Clery Cunha, 179

Eva Wilma, 179
Eva, peça tetaral de Marcos Rey e
Aldo Raso, 44
Excelsior, Rádio, *ver* Rádio
Excelsior
Excelsior, TV, *ver* TV Excelsior
Ewald Filho, Rubens, 179

Fagundes, Antônio, 179
Família Pacheco, A, programa da
Rádio Excelsior, 85
Fantoches!, novela de Marcos Rey, 19
Faria, Álvaro Alves de, 156
Faria, Reginaldo, 178
Farney, Cyll, 92
Farney, Dick, 92
Farrow, John, 53-5
Farrow, Mia, 53
Faulkner, William, 17, 89, 97,
100-3
Fedra, tragédia de Racine, 119
Ferradura dá sorte?, romance de
Marcos Rey, 145
Ferreira Gullar, 164
Ferreira Neto, 160
Ferreira, Bibi, 58, 158
Ferreira, Procópio, 58-9
Fischer, Vera, 178-9
Fleury, Tito, 85
Folha da Manhã (atual *Folha de
S.Paulo*), 40, 58, 79, 82, 84,
98, 198
Folha de S. Paulo, 40, 198
Fomm, Joana, 160
Fontes, Lourival, 58
Fosca, François, 185
Frazer, Etty, 160-1, 179
Freitas Júnior, Osmar de, 98
Freitas, Carlos de, 85

gabinete do dr. Caligari, O, filme de Robert Wiene, 48

Gabriela, cravo e canela, romance de Jorge Amado, 129-30

Gabriela, telenovela da TV Globo, 194

Galatéia e o fantasma, romance de Mário Donato, 132

Galvão, Saul, 76

Gama, Lúcia Helena, 91

Gandra Martins, Ives, 191

Garibaldi, Anita, 113

Garoto, Aníbal Augusto Sardinha, *dito,* 92

Gasmann, Vittorio, 93

gato no triângulo, Um, novela de Marcos Rey, 16, 98-9, 130, 132, 201

Gattai, Zélia, 162

Gatti, Thaís Romero, 43

Geraldini, Victor Petraglia, *dito* Victor Costa, 110

Gershwin, George, 16, 79

Gide, André, 17, 155

Gil, Gilberto, 99, 156

Gincana da morte, novela policial de Marcos Rey, 187

Giotto, 168

Giovannini, Luiz, 84

Globo, TV, *ver* TV Globo

Góes, Fernando, 144

Gomes, José Maria, 60, 78, 141

Gomide, Georgia, 160

Gonçalves, Lisbeth Rebollo, 155

Gonsales, Francisco Rebollo, 114, 147, 155

Goulart, João, 149

Goulart, Paulo, 160, 179

Graça Aranha, 56

grande família, A, programa da TV Globo, 164

Grande Segredo, O, telenovela da TV Excelsior, 159

Grande Sertão: Veredas, minissérie da TV Globo, 194

Grande Teatro Duchen, programa da rádio Excelsior, 95

Gris, Juan, 155

Guernica, obra de Pablo Picasso, 155

Guimarães Rosa, João, 17

Hansen, Gehard Henrick, 46

Heidegger, Martin, 94

Hemingway, Ernest, 17, 78, 89, 119

Herbert, John, 160, 179

História da inteligência brasileira, livro de Wilson Martins, 98

História do Brasil para crianças, livro de Viriato Correia, 39-40

História do mundo para crianças, livro de Monteiro Lobato, 39

História indiscreta da ditadura e da abertura, livro de Ronaldo Costa Couto, 9

Hitler, Adolf, 21

homem sem profissão, Um, memórias de Oswald de Andrade, 105-6

homens do futuro, Os, ensaio de Marcos Rey, 85

Houaiss, Antônio, 189

Hugo, Victor, 119

Huis-clos, peça teatral de Jean-Paul Sartre, 93

Huxley, Aldous, 17, 89

ilha dos paqueras, A, filme de Fauzi Mansur, 177

Imperial, Carlos, 163, 168, 170
inseto do amor, O, roteiro de
Marcos Rey, 15, 175-6
Ivan, sobrinho de Marcos Rey,
128

Jacobbi, Ruggero, 90
Jacomino, Américo, *dito*,
Canhoto, 79
Jardel Filho, 90
Jaspers, Karl, 94
João Antônio, 17, 76
João VI, dom, 46
Jornal da Tarde, 161, 206
Jornal do Brasil, 18
Juca Pato, personagem de
Belmonte, 40, 198-9
Juca Pato, troféu da Academia
Paulista de Letras, 197

Kantor, Joseph [Joe], 91, 93-5
Kierkegaard, Soren Aabye, 94
King Cole, Nat, 93
Kubitschek, Juscelino, 199

Lacerda, Carlos, 19
Lamounier, Bolívar, 190
Lampião, Virgulino Ferreira, *dito*,
148
Latorraca, Ney, 16
Leal Maia, Nuno, 179
Leão, Danuza, 93
Léger, Fernand, 155
Leitura, revista, 93
Leser, Walter, 70, 71
Lessa, Orígenes, 22
Letayf, Sônia, 118-25, 127, 132

Levi, Rino, 113
Lewis, Sinclair, 78
Lima Barreto, Vítor de, 155
Lima, Lauro de Souza, 35
Linhares, João S., 64
Lisboa, Mel, 37
Lispector, Clarice, 17
litigantes, Os, tragédia de Racine,
120
Living e u.c., peça de Marcos Rey,
163-8, 170-1
Livraria Agir, 157
Livraria Brasiliense, 143, 156, 203
Livraria Cultura, 9, 17, 29, 188,
191-2, 197
Livraria Teixeira, 89, 135, 143,
153, 203
Liza de Lamberth, peça de
Somerset Maugham, 95
"locutor da madrugada, O", conto
de Marcos Rey, 87
Lolita, romance de Vladimir
Nabokov, 82
Lombardi, Bruna, 16
Longa noite de cristal, peça de
Vianinha, 168
Lua-de-mel e amendoim, filme de
Fernando de Barros, 179
Lucas, Fábio, 191, 198
Lucas, João Tondone, 209
Luís Gustavo, 160
Luz de agosto, romance de William
Faulkner, 102

Mabe, Manabu, 147
Macedo, Joaquim Manuel de, 162
Macedo, Ricardo, 85
Machado de Assis, Joaquim
Maria, 17, 108

Macho e fêmea, filme de Ody Fraga, 179

Madame Satã, 74

Madrugada sem Deus, romance de Mário Donato, 132

Mais Forte que o Ódio, telenovela da TV Excelsior, 159

mais-valia vai acabar, seu Edgar, A, peça de Vianinha, 164

Malagueta, Perus & Bacanaço, livro de João Antônio, 17

Malditos paulistas, romance de Marcos Rey, 190

Malraux, André, 17, 89

Manchete, TV, *ver* TV Manchete

Mann, Thomas, 97

mansos, Os, filme de Pedro Carlos Rovai, 179

Mansur, Fauzi, 175-7

Mappin Movietone, programa da TV Tupi, 115

Maranhão, Carlos, 9-11

Maravilha, Elke, 16

Margarido, Raul, 36

margem, A, filme de Ozualdo Candeias, 177

Maria Antonieta, 113

Maria Bonita, 148

"Maringá", composição de Joubert de Carvalho, 146

Marinho, Adhemar, 113

Mariotti, Humberto, 29, 154, 192

Martinez Corrêa, José Celso, 106

Martins, Aldemir, 48

Martins, Anna Maria, 88, 102, 147

Martins, Luís, 88, 147, 155-6

Martins, Wilson, 17, 98-9

Massaini Neto, Aníbal, 176, 178

Massaini, Osvaldo, 176

Massenet, Paulo, 85

Matarazzo Sobrinho, Francisco, *dito* Ciccillo, 155

Matarazzo, André, 93

Mateucci, Henrique, 29

Matou a família e foi ao cinema, filme de Júlio Bressane, 177

Maugham, Somerset, 95

Maupassant, Guy de, 39

Maurano, Flávio, 26

Medeiros e Albuquerque, José Joaquim de Campos da Costa de, 185

Medeiros e Albuquerque, Paulo de, 185

Meira, Tarcísio, 159

Melhem, José Roberto, 149

Mello Souza, José Inácio de, 50

Memórias de um Gigolô, minissérie da TV Globo, 16, 18-9, 75-6, 152, 193-4, 201

Memórias sentimentais de João Miramar, livro de Oswald de Andrade, 100

Menezes, Glória, 159

Menotti del Picchia, 22, 107

Mesquita Neto, Júlio de, 93

Mesquita, família, 37

Mesquita, Luiz Carlos, 93

Mesquita, Ruy, 93

Miller, Arthur, 90

Milliet, Paulo Sérgio, 147, 155-7

Mindlin, José, 190

Miranda, Carmen, 58

mistério do cinco estrelas, O, novela policial de Marcos Rey, 186

Monjardim, Jayme, 9

Monjardim, Maysa, 93

Monteiro Lobato, 22, 39, 107, 162

Monteiro, Adolfo Casais, 102

Monteiro, Yara Nogueira, 34, 35, 50, 208

Montenegro, Fernanda, 90

Monumento às Bandeiras, escultura de Victor Brecheret, 134

Moraes, Antônio Ermírio de, 190

Moreninha, A, telenovela da TV Globo, 15, 159, 161

Morte em Veneza, romance de Thomas Mann, 97

Motta, dom Carlos Carmelo de Vasconcelos, 81-2

Moutinho, José Geraldo Nogueira, 157

Mulher Fantasma, A, programa da Rádio Excelsior, 85

Müller, Aldine, 179

mundo emocionante do romance policial, O, livro de Paulo de Medeiros e Albuquerque, 185

Muniz, Lauro César, 179

Museu de Arte de São Paulo (MASP), 88, 93, 203

Museu de Arte Moderna (MAM), 88, 154-5

Mustang cor-de-sangue, conto de Marcos Rey, 193

Nabokov, Vladimir, 82

Nem as enfermeiras escapam, filme de André José Adler, 180

Nerval, Gérard de, 119, 121

Nêumanne Pinto, José, 11, 191-3

Neves, Tancredo, 70

"Nick Bar", samba-canção de José Vasconcelos e Garoto, 92

"Ninguém entende Wiu-Li", conto de Marcos Rey, 39

Nívea Maria, 162

noite das fêmeas, A, filme de Fauzi Mansur, 179-80

noite mais quente do ano, A, peça de Marcos Rey, 163

noites de Cabíria, As, filme de Federico Fellini, 165

"Noites de pêndulo", conto de Marcos Rey, 151

Nos bares da vida, livro de Lúcia Helena Gama, 91

Nunes, Cassiano, 98

Nuzzi, Erasmo de Freitas, 60, 62

Nydia Lícia, 90-1

Olga, livro de Jayme Monjardim, 9

Oliveira, Carlinhos, 18

Ópera de sabão, romance de Marcos Rey, 19, 87, 189

Ossos do Barão, Os, telenovela do SBT, 194

Pacheco, padre Bento Dias, 35

Pacote, Edwaldo, 162

Padroeira, A, telenovela da TV Manchete, 194

Paezzo, Sylvan, 162

Pagador de promessas, O, filme de Anselmo Duarte, 176

Paixão, Fernando, 187

Paqueras, Os, filme de Reginaldo Faria, 178

parceiros, Os (Faça uma cara inteligente e depois pode voltar ao normal), peça de Marcos Rey, 163

Parker, Dorothy, 17, 78

Paulista, TV, *ver* TV Paulista

Paulo Emílio no paraíso, livro de José Inácio de Mello Souza, 50
pavão desiludido, O, romance de Carlinhos Oliveira, 18
Pedroso d'Horta, Arnaldo, 147, 154
Pedroso, Bráulio, 144, 159
Peixoto, Cauby, 110
Peixoto, Moacir, 110
pêndulo da noite, O, livro de Marcos Rey, 16
Pereira, Antônio Olavo, 105
Pereira, Lúcia Miguel, 102
Pérola, A, peça de John Steinbeck, 95
Petrullo, Nicola, 143
Piaf, Edith, 93
Picasso, Pablo, 155
Pimentel, Osmar, 101, 105, 142
Pinto, Sobral, 199
Pirandello, Luigi, 90
Pires, Herculano, 98
Pires, Rubens Escobar, 142
Playboy, revista, 178
Poe, Edgar Allan, 185
"Poema de sete faces", de Carlos Drummond de Andrade, 161
Pontes, Paulo, 164
Portinari, Cândido, 168
Prado Júnior, Caio, 156
Prado, Luís André do, 96
Presença de Anita, romance de Mário Donato, 37, 81, 132
Prestes, Olga Benario, 9
Príncipe e o Mendigo, O, telenovela da TV Record, 15, 159
príncipe feliz, O, livro de Oscar Wilde, 38
Proust, Marcel, 76
próxima vítima, A, peça de Marcos Rey, 163
Puzzi, Nicole, 179

Quadros, Jânio, 93
Queirós, Eça de, 58
Queiroz, Rachel de, 199

Racine, Jean, 119-20
Rádio Bandeirantes, 82
Rádio Excelsior, 82-3, 85, 87, 95-6, 98, 110, 130, 145, 147, 203
Rádio Jovem Pan, 113
Rádio Nacional de São Paulo, 59, 87, 110
Rádio Pan-Americana, 113
Rádio Record, 82, 113
Rádio Romance Dominical, programa da Rádio Excelsior, 85
Rádio Tupi, 82
Ramos, Graciliano, 108
Ramos, Helena, 179
Ramos, João Batista, 98
Ramos, José Nabantino, 82, 98
Ramos, Ricardo, 144
Rasga coração, peça de Vianinha, 164, 168, 172
Raso, Aldo, 44
Ratos e homens, romance de John Steinbeck, 97
Ratto, Gianni, 90
Ravache, Irene, 179
Recenseamento da indústria paulista, catálogo lançado pelos irmãos Donato, 130
"Recherche sur la mentalité des malades de la lèpre" [Pesquisa sobre o mentalidade dos doentes da lepra], pesquisa de Sônia Letayf, 123
Record, TV, *ver* TV Record
Rego Monteiro, Gastão do, 147
Rego, José Lins do, 108

rei da vela, O, peça de Oswald de
Andrade, 106
Reichenbach, Carlos, 177
Reis, Mário, 58
*Revista de Psicologia Normal e
Patológica*, 123
Ribas, Emílio, 24, 25
Ribeiro dos Santos, Walter, 86
Ribeiro, Darcy, 198
Ricardo, Cassiano, 22
Rizzo, Miguel, 31, 204
Rocha, Wilson, 162
Rodrigues, Geraldo Pinto, 101, 142
Rodrigues, Nelson, 198
Rolland, Romain, 155
Roque Santeiro, telenovela da TV
Globo, 178
Rossano, Herval, 162
Rossi, Italo, 90
Rossi, Spartaco, 85, 87
Rotberg, Abrão, 70-1
roteirista profissional, O, livro de
Marcos Rey, 188, 194
Rousseau, Jean-Jacques, 53
Rovai, Pedro Carlos, 163, 165,
167-70

saga do conde, A, livro de Ronaldo
Costa Couto, 9
Saintsbury, George, 113
Salce, Luciano, 90
Saldanha Coelho, 102
Salinger, J. D., 84
Salles Gomes Júnior, Francisco de,
45-6, 49-50, 52-3, 56, 59-65,
68-70, 77, 208-9
Salles Gomes, Anna Lilian
Kenworthy, 47, 53
Salles Gomes, Elly Anna, 47

Salles Gomes, Eurico Hermano,
52-3, 56, 68
Salles Gomes, família, 48
Salles Gomes, Francisco
Guilherme, 47
Salles Gomes, Gilda Moreira de,
47-8, 209
Salles Gomes, Maria Aparecida
Lucas [Cidinha], 208
Salles Gomes, Paulo Emílio, 47-8,
50-1, 93
Salles Gomes, Pedro Paolo, 52-3,
56
Salles Oliveira, Armando de, 50
Salvador da Pátria, O, telenovela
da TV Globo, 179
santo milagroso, O, peça de Lauro
César Muniz, 179
Santos, Silvio, 115
São Francisco de Assis, quadro de
Portinari, 168
Saroyan, William, 17, 78, 90
Sartre, Jean-Paul, 17, 90, 93-4, 155
Sayeg, João Batista, 144, 192,
197-8
SBT (Sistema Brasileiro de
Televisão), 194
Scavone, Rubens Teixeira, 101
Schulke, Evelyn, 161
secretárias que fazem de tudo, As,
roteiro de Marcos Rey, 181
Segall, Lasar, 147
Selva trágica, livro de Hernâni
Donato, 40
Semana de Arte Moderna, 99,
106, 122
sensação de setembro, A, romance
de Marcos Rey, 193
Serafim Ponte Grande, livro de
Oswald de Andrade, 100

Setti, Ricardo, 10
Setúbal, Paulo, 22
Sganzerla, Rogério, 177
Show do Milhão, programa do SBT, 115
Signo da Esperança, O, telenovela da TV Tupi, 159
Silva Brito, Mário da, 98
Silva Ramos, Péricles Eugênio da, 102
Silveira, Ênio, 151-2
Simonetti, Enrico, 92, 94
Sistema Brasileiro de Televisão, *ver* SBT
Sítio do Picapau Amarelo, programa da TV Globo, 15, 162, 194
64,000 Dollars, programa de televisão, 112
"Sonata ao luar", de Beethoven, 79
Souza Campos, Nelson de, 30, 64
Souza, Armando Thyrso Ribeiro de, 29, 184
Souza, Edmundo de, 111
Souza, Ruth de, 155
Soy loco por ti, América, livro de Marcos Rey, 16, 154
Status, revista, 178
Stefanini, Fúlvio, 158-60
Steinbeck, John, 17, 78, 95, 97
Super Plá, telenovela da TV Tupi, 159
superfêmea, A, filme de Anibal Massaini Neto, 178
supermanso, O, filme de Ary Fernandes, 15, 179-80
Sweet Charity, musical de Bob Fosse, 165

"Taí", composição de Joubert de Carvalho, 146

Takahashi, Jiro, 183-4, 186-7
Tarso Genro, 190
Tavares de Miranda, José, 102, 147
Tchan!, a Grande Sacada, telenovela da TV Tupi, 15, 159, 162
Teatro Brasileiro de Comédia (TBC), 88-91, 95, 203
Teatro Opinião, 164
Tebaida, A, tragédia de Racine, 120
Teixeira, Maria de Lourdes, 101
Teixeira, Mário, 194
Telles, Lygia Fagundes, 48, 190-1, 197-8
Telles, Sérgio, 29, 192
Tempo, O, 102, 105
Ter ou Não Ter, teledrama da TV Paulista, 110
Teresa Rachel, 90
Terra, poema de Mário Donato, 37
Terror e êxtase, romance de Carlinhos Oliveira, 18
Tigres, Os, telenovela da TV Excelsior, 159
Timberg, Nathalia, 90
time of your life, The, peça de William Saroyan, 90
Timóteo, Agnaldo, 167
Tocaia Grande, telenovela da TV Manchete, 194
Toledo Machado, 98
Torres, Antônio, 17
Traven, Bruno, 78
"Trem das onze", canção de Adoniran Barbosa, 34
Trenet, Charles, 93
Trevisan, Dalton, 84
tronco, O, romance de Bernardo Élis, 151

Tupi, Rádio, *ver* Rádio Tupi
Tupi, TV, *ver* TV Tupi
TV Excelsior, 158-9, 204
TV Globo, 15-6, 37, 110, 153, 159, 161-4, 194, 204
TV Manchete, 194
TV Paulista, 110-1, 115, 146
TV Record, 15, 113, 115, 156, 159
TV Tupi, 15, 88, 99, 112, 115, 119, 122, 159, 162, 204

última corrida, A, romance de Marcos Rey, 145
Última Hora, 145
último mamífero do Martinelli, O, novela de Marcos Rey, 16, 84, 189-90, 202, 204
Último tango em Paris, O, filme de Bernardo Bertolucci, 178
União Brasileira de Escritores (UBE), 101, 130, 146, 197, 198-9

Valéry, Paul, 120
Vandré, Geraldo, 156
Vaneau, Maurice, 90
Vânia, sobrinha de Marcos Rey, 129
Vargas, Getulio, 19, 31, 42, 58
Vasconcelos, José, 92
Vaz, Leo, 107
Veiga, J. J., 189
Veja São Paulo, revista, 174
Veja, revista, 18, 189
Veloso, Caetano, 99
Verissimo, Erico, 199
Verissimo, Luis Fernando, 199

Versiprosa, livro de Carlos Drummond de Andrade, 151
Veuster, padre Damião de, 54
viagem maravilhosa, A, romance de Graça Aranha, 56
Vianinha, *ver* Vianna Filho, Oduvaldo
Vianna Filho, Odulvado, *dito* Vianinha, 11, 162, 164-5, 167-72, 179
Vianna, Zelito, 164
Vieira, José Geraldo, 101
Vieira, monsenhor Primo, 11, 191
Vilanova Artigas, 113, 147
Virmond, Nicanor Porto, 62
Vital Brasil, Álvaro, 113
Volte Cedo para Casa, teledrama da TV Paulista, 110

Wainer, Samuel, 93
Wiene, Robert, 48
Wilde, Oscar, 38
Williams, Tennessee, 90, 114
Wren, P. C., 206

Xeque à Rainha, teledrama da TV Paulista, 110

Zabel, Morton, 102
Zampari, Franco, 90-1, 95
Zangrandi, Reinaldo, 133-5, 138
Zara, Carlos, 160
Ziembinski, Zbigniew Mariam, 90, 95
Zola, Émile, 58
Zweig, Stefan, 155

1ª EDIÇÃO [2004] 1 reimpressão

ESTA OBRA FOI COMPOSTA POR RITA DA COSTA AGUIAR
EM ADOBE GARAMOND E IMPRESSA PELA GEOGRÁFICA SOBRE PAPEL PÓLEN
SOFT DA SUZANO PAPEL E CELULOSE PARA A EDITORA SCHWARCZ
EM OUTUBRO DE 2013

A marca FSC® é a garantia de que a madeira utilizada na fabricação do papel deste livro provém de florestas que foram gerenciadas de maneira ambientalmente correta, socialmente justa e economicamente viável, além de outras fontes de origem controlada.